年中行事ちょこっとシアター その1

5月5日 こどもの日 手袋シアター
『ちびっこいのぼり』
〜こいのぼりはなぜ飾る？〜

用意する物 カラー軍手、フェルト、ハサミ、接着剤

作り方
① P.97の型紙を参考にフェルトを切る
② こいのぼり、吹き流しの模様を作る
③ 軍手に②をはる

ポイント
こいのぼりは、しっぽがヒラヒラとして泳ぐ感じが出るように頭部分のみをはりましょう。

吹き流しは5色のフェルトを重ねてはります。5色は黒（紫）、赤、黄、白、青（緑）。

手のひら面はコイです。（ストーリー&進め方①の写真参照）

ストーリー&進め方

1 手袋の手のひらを見せる
「みんなは"コイ"という魚を知っているかな？」
「コイはね、流れの速い川や滝をぐんぐん登れる魚なんだって」

くるっ

2 手をグーにして手の甲を向け、親指を立てて吹き流しを見せる
「昔、そのコイは滝を登って竜になったといわれていました」

3 「コイのように〜」でほかの指を広げてこいのぼりを見せる
「そこで、おうちの人たちは、コイのように、子どもたちが元気にたくましくなりますようにと願いを込めて、こどもの日にこいのぼりをあげるようになったんだよ」

こどもの日はみんなが大きくなってほしい、みんなが幸せになりますように！っていう日なんだね

あそび

ゲーム どのこいのぼり？

どのこいのぼりが出ているか当てるゲーム。例えば、手袋シアターを見えないようにして、小指以外を隠す。「どのこいのぼりが出ているでしょうか？」と子どもに当ててもらう。「正解は緑色こいのぼりでした！！」。

クイズ Q こいのぼりよりも上を泳いでいる5色の物は？

子どものギモン?を解決！

A 吹き流し

吹き流しの5色は「青（緑）・赤・黄・白・黒（紫）」で、すべてに意味があり、「魔よけ」の役目を果たしています。

行事の豆知識 なぜかしわもちを食べるの？

カシワの木は新しい芽が出るまで古い葉が落ちません。そんなカシワのように、家庭に子どもが生まれ、受け継がれていくようにという願いが込められています。

うた&えほん
- ♪「こいのぼり」
- ♪「オーイ！こいのぼり」
- ♪「空をとんだこいのぼり」
- 📖「ゆっくといっしょ ぼくひゃっか」
- 📖「げんきにおよげ こいのぼり」
- 📖「ワニぼうのこいのぼり」
- 📖「とべとべこいのぼり！」

年中行事 ちょこっとシアター その2

7月7日 七夕　紙シアター

『七夕のひみつ』
～織り姫と彦星のおはなし～

用意する物　色画用紙、着色具、ハサミ、のり

作り方
① P.97の型紙を拡大コピーし着色する
② 画用紙を4等分にし、左端に織り姫、右端に彦星、真ん中ふたつ分に星をはる

ポイント　天の川は、キラキラした星をはってもきれいですし、金色のペンで星を塗ってもいいです。

色画用紙は黒以外の色を使うなど工夫してみましょう。

ストーリー & 進め方

1 織り姫、彦星を順に見せる

「織り姫ははた織りがじょうずな働き者で、朝から晩まではた織りをしていました」

「もうひとり、働き者のウシ飼いの彦星がいました」

※ はた織りとは服になる布を作ること。

2 紙を広げ彦星と織り姫を並べて見せる

「神様は織り姫と彦星を結婚させました」

3 「離して〜」で紙をすべて開く

「ところがふたりはしごとを忘れ、遊んでばかりいたので怒った神様は、ふたりを天の川の両岸に離してしまいました」

4 「会うことを〜」で②と同じようにふたりをくっつける

「泣いてばかりいるふたりを見て神様は、一生懸命働くなら、年に一度7月7日の夜にだけ会うことを許しました」

あそび

ゲーム　あっち、こっち、どっち？

天の川だけ見せる形にして、紙をくるくる回すなどして、織り姫と彦星が左右上下どこにいるか当てて遊んでみましょう。

クイズ　Q 川は川でも空を流れているいっぱいの星が集まっている川は？

A 天の川

Q ササの葉につるす飾りをなんと言う？

A 七夕飾り

子どものギモン？を解決！　例えば「ちょうちん飾り」には、願い事を書いた短冊を明るく照らすという意味があります。「アミ飾り」は、海で魚がたくさん捕れ、また作物がよく実りますようにという願いを込めた飾りです。

行事の豆知識　「七夕」と書いて「たなばた」と読むのはなぜ？

「七夕」は、七月七日の夕方という意味です。七夕の「たな」は「棚」で、「ばた」は「機」で「棚機津女（たなばたつめ）」＝「はたを織る女」からきています。

うた&えほん
- ♪「たなばたさま」
- ♪「誰かが星をみていた」
- ♪「きらきら星」
- 📖「ほしが いっぱい」
- 📖「たなばたさま」
- 📖「ねがいぼしかなえぼし」

年中行事 ちょこっとシアター その3

9月中旬〜 お月見　紙コップシアター
『優しいウサギ』
～月のウサギのおはなし～

用意する物	紙コップ、着色具、のり、ハサミやカッターナイフ
作り方	① P.98の型紙をコピーし着色する ② 動物は紙コップの側面に、食べ物は底にそれぞれはる ③ 絵をはった底部分は、立ち上がるように切り込みを入れておく

ポイント
底部分は先にイラストをはってから切ると作りやすいです。

お団子やススキの紙コップも作るとお月見の雰囲気がもっとアップしますよ。

おじいさんの裏面は神様
ウサギの底は月の絵。

ストーリー&進め方

1　おじいさん、動物など順に出す
「昔、おなかがすいて倒れそうなおじいさんが、山でウサギとサルとキツネとリスに会いました。4匹はおじいさんを暖かいたき火のそばに休ませるとそれぞれ食べ物を探しに行きました」

2　紙コップの底を順に立ち上げる
「サルはカキを見つけてきました。キツネはブドウを見つけてきました。リスはクルミを見つけてきました」

3　ウサギを倒し、おじいさんを裏返して神様にする
「ウサギは一日中探したのに何も見つけることができず、とうとう倒れてしまいました。おじいさんに姿を変えていた神様はウサギの優しい心を褒めてウサギを月に送りました」

4　タワーを作り、ウサギの底を上げて月が見えるようにする
「それで満月になると月にはウサギの姿が見られるのですね」

あそび

ゲーム　お団子どこだ！？

コピー用紙を4分の1にして丸め、お団子を作ります。ひとつの動物の紙コップの中にお団子を入れて紙コップを移動させ、どの紙コップにお団子が入っているか当ててみましょう。

クイズ　Q お月見に飾る食べ物は？
A お団子

子どものギモン？を解決！

おいしい食べ物がたくさん収穫できるこの時季に、「今年もたくさんの収穫をありがとう。また来年もお願いします」という感謝の気持ちを込めて、お団子やススキを飾るようになりました。

行事の豆知識　「イモ名月」といわれる「お月見」

この時季は、おいしいサトイモがたくさんとれるのでサトイモをたくさん実らせてくれてありがとうという気持ちを込めてお供えします。それから昔の人はお月見の日のことを「イモ名月」と呼ぶようになりました。

うた&えほん
- ♪「月」
- ♪「うさぎ」
- ♪「ぽんぽこたぬき」
- 📖「つきをあらいに」
- 📖「パパ、お月さまとって！」
- 📖「14ひきのおつきみ」

年中行事ちょこっとシアター その4

10月31日 ハロウィン 紙皿シアター

『ハロウィンって？』
〜ハロウィンはお祭り!?〜

用意する物	紙皿2枚、着色具、ハサミ、のり
作り方	① P.99の型紙を拡大コピーし着色する ② 1枚目の紙皿に野菜・果物、裏にお菓子、2枚目の紙皿におばけ、裏にジャック・オ・ランタンをはる

ポイント
ジャック・オ・ランタン（カボチャをくり抜いた魔よけ）の目や鼻、口を切り抜いてもいいですね。

野菜や果物は、チラシ広告などの写真を切り抜いてもOK！

ストーリー＆進め方

1 1枚目（野菜・果物）2枚目（おばけ）の紙皿を重ねて持つ

「昔、10月31日に外国では、おいしい野菜やたくさんの果物が収穫されたことを感謝するお祭りをしていました」

2 2枚目おばけの紙皿を出す

「そのお祭りの日は、亡くなった人の霊がおうちに帰ってくる日でもあります」

3 「仮面を〜」でおばけを裏返し、ジャック・オ・ランタンを顔に当てる

「そのときに悪いおばけもいっしょに来てしまうから、身を守るために仮面をかぶったり、魔よけの火をたいたりします」

4 野菜・果物の紙皿を裏返し、お菓子を出す

「お菓子をもらいに行くようになったのは、このお菓子で悪いおばけを追い払うなどの意味があるんだって。みんなも『トリック・オア・トリート』って言ってお菓子をもらいに行こう！」

あそび

ゲーム ジャック・オ・ランタンの後ろはなーんだ？

ジャック・オ・ランタンのお面の後ろに園にあるおもちゃや道具などを置き、それが何か当てるゲームをしてみましょう。

クイズ Q ジャック・オ・ランタンはなんの野菜からできているでしょうか？

A カボチャ

子どものギモン？を解決！

カボチャでできたジャック・オ・ランタンは、明かりを頼りに霊が戻ってこられるように道しるべにしたといわれています。また、悪いおばけや魔女がこわがって逃げるように魔よけとして飾っているといういわれもあります。

行事の豆知識 「トリック・オア・トリート」の意味は？

「お菓子をくれないといたずらするぞ！」という意味。バラバラに説明すると　トリック＝いたずら　トリート＝招待する、接待するという意味になります。「いたずらされるか、おもてなしするか」ということで子どもたちをおもてなしするためにお菓子を配るようになったといわれています。

うた&えほん
- ♪「かぼちゃパンプキング」
- ♪「ハロハロハロウィン」
- 📖「ハロウィーンって なぁに？」
- 📖「ハロウィンドキドキおばけの日！」
- 📖「しゃっくりがいこつ」

年中行事ちょこっとシアター その5

12月25日 クリスマス　封筒シアター

『聖夜のおはなし』
～なぜ靴下にプレゼント？～

用意する物　封筒、ハサミ、カッターナイフ、色画用紙、のり、着色具

作り方
① P.99.100の型紙を参考に画用紙で靴下などを切る
② 封筒に①をはる
③ 靴下と煙突部分に切り込みを入れる

※演じる前に封筒の中に食べ物や洋服の絵を入れておきます。

ポイント
プレゼントは、クリスマスの包装紙などをはり付けてもきれい。リボンを本物のリボンにするとさらに雰囲気が出ますよ。

封筒の一面に靴下と暖炉を、裏面を2等分して、封筒の口側にプレゼント大、その横に家をはります。

ストーリー&進め方

1 家の絵を出す
「昔、お金がなくてとても困っている家族がいました」

2 プレゼント小を煙突から入れる
「それを知ったサンタさんはその家族のためにこっそり家の煙突からプレゼントを入れました」

3 裏返して広げ、暖炉の絵を見せる。封筒の中に手を入れて、靴下からプレゼント小を出す
「朝、子どもが暖炉に掛けてある靴下を見るとなんとプレゼントが入っていました」

4 裏返してプレゼント大の絵を見せ、食べ物や洋服のカードを出す
「プレゼントの中にはおいしい食べ物やきれいな洋服が入っていました。家族のみんなはこのプレゼントのおかげで幸せに暮らせるようになりました」

シアターアレンジ

あわてんぼうサンタさん

煙突に入るサイズのサンタさんを作って『あわてんぼうのサンタクロース』のようにサンタさんが煙突から落ちたお話をしてみましょう。「ひゅーんと煙突から落ちたサンタさんは…なんと靴下の中に入ってしまっていました！」歌いながら演じても楽しいですね。

子どものギモン？を解決！
サンタクロースって？
サンタクロースは、セントニコラウスという人のこと。子どもたちや貧しい人を訪ねてプレゼントを届けたといわれています。

あそび

ゲーム　プレゼントなあに？

プレゼント犬の中にクリスマス関連のイラストを描いたカードを入れておき、何が描いてあるか当てます。例えば、ツリーのイラストを入れておいて子どもに「クリスマスに飾る木の名前は？」などとヒントを与えて遊びましょう。

クイズ

Q サンタさんが乗っている物はなんだ？
A そり

Q サンタさんと仲よしの赤い鼻の動物は？
A トナカイ

Q クリスマスツリーはなんの木でしょうか？
A モミの木

Q サンタさんの服は緑色？　赤色？
A 赤色

行事の豆知識　クリスマスカラーって何？どんな意味があるの？

クリスマスカラーは赤、緑、白。
赤は神様の愛の大きさを表す色。緑は永遠の命を表す色。白は雪のように清らかですなおな心を表す色です。

トナカイは何匹いるの？

トナカイは9匹。
サンタさんのそりを引いているのが「ダッシャー」「ダンサー」「ヴィクセン」「ダンナー」「ブリッツェン」「キューピッド」「コメット」。そしてもう1匹が「ルドルフ」。「ルドルフ」は赤鼻のトナカイとして有名です。

モミの木のヒミツ

クリスマスツリーのモミの木は、冬になっても緑色の葉をつけたまま。散ることのないモミの木にちなんで「いつまでも元気でいましょう」という気持ちを表しています。

いっしょに作って遊ぶアイディア

2～3歳児　ペタペタ靴下

色画用紙で作った靴下に丸シールやビニールテープなどのシールをたくさんはってみよう！

4～5歳児　BIG靴下

色紙を靴下の形に切って、大きな靴下の形になるように模造紙にたくさんはってみましょう。最後は壁面に飾るとgood！

うた&えほん

♪「クリスマスのうたがきこえてくるよ」
♪「サンタが町にやってくる」
♪「うさぎ野原のクリスマス」

📖「きつねいろのくつした」
📖「クリスマスおめでとう」
📖「サンタのおまじない」
📖「よるくま クリスマスまえのよる」

年中行事ちょこっとシアター その⑥

年末・年始 お正月 　紙シアター

『十二支のはじまり』
～ネコはなぜいないの？～

用意する物	色画用紙、着色具、ハサミ、のり
作り方	① P.101の型紙を拡大コピーして着色し、色画用紙にはる ② ネコⒶとウマの裏にネコⒷとネズミをはり、ネコとウマの間をハサミで切る

ポイント
色画用紙を使用しないでコピーしたままでもOKです。

色画用紙の色も工夫して、お正月っぽさを演出してみましょう！

↑ ネコとウマの間を切ります。

ストーリー＆進め方

1 神様と動物を見せる
「昔、神様が世界中の動物に『1月1日の朝、わたしの所にあいさつに来なさい。一番から十二番まで順に、それぞれ1年の間、動物の王様にしよう』と話しました。動物たちは絶対一番になるぞ！！　と気合十分」

2 裏面のネコとネズミが見えるように紙を半分に折る
「ところが、ネコはあいさつに行く日を忘れてしまったので、ネズミに聞きました。すると、ネズミはわざと『1月2日だよ』と一日遅れの日を教えました」

3 表面上部の動物たちが見えるように紙を折り返す
「さて、1月1日の朝になると、"ネズミ、ウシ、トラ、ウサギ、タツ、ヘビ…"」

4 下を広げてネコ以外のほかの動物も見せる
「…ウマ、ヒツジ、サル、トリ、イヌ、イノシシ"の順に神様の所にあいさつにやって来ました。これで全部で12匹」

5 表面下部を折り上げて、表面のネコだけ見せる
「すっかりネズミの話を信じていたネコは2日の朝早くに神様の所にあいさつに行きましたが、すでにだ～れもいません。ネコは十二番の中に入ることができませんでした」

6 表面のネコと裏面のネズミを見せる
「それでネズミを恨んで、今もネコはネズミを追いかけ回しているのですね」

シアターアレンジ

ネズミとウシのお話
ネズミとウシの指人形劇をしてみましょう。手袋をはめた手にネズミの顔、もう一方の手にウシの顔を付けて、ネズミがウシの背中に乗って一番に到着した話を演じても楽しいですよ。

ネズミはウシの背中にこっそり乗って…

子どものギモン？を解決！ お正月って？
お正月は「年神様」という神様をお迎えするとき。昔は年神様が田んぼのお米がたくさんできますようにと見守ってくれていると信じていました。だからお正月には年神様が道に迷わないように「門松」を立てたり、おもちやお料理を用意したのです。

あそび

ゲーム 十二支クイズ

「三番目に着いた動物はだれだ？」などのクイズをしてみましょう。年齢によっては「十二番目からみんなで言ってみよう！」「トラの次はだれかな」とクイズにするといいですね。

クイズ

Q お正月に食べる豪華な料理は？
A おせち料理

Q 十二支のお話で動物の王様になれなかった動物はだれだ？
A ネコ

Q もちはもちでもおしりでつくもちは？
A しりもち

行事の豆知識 おせち料理って？

年神様へのお供えと共に、家族の幸せを願う食べ物が詰めてあります。年の初めに食べる料理なので、色や形、味のよい材料で作られ、それぞれにとてもめでたい名前がついています。

・黒豆→まめに（元気に）働く
・数の子→たくさん子どもが生まれるように
・エビ→背中が曲がるまで長生きできるように
・タイ→おめでたい
・昆布巻き→よろこんぶ（喜ぶ）

お正月の飾りいろいろ

門松は年神様が迷わずやって来るための目印。古くからマツは神の宿る木とされています。タケ・ウメと合わせて松竹梅を飾ることも。

鏡もちは年神さまへのお供え物。丸いおもちの形は鏡や魂の形を模しているといわれています。鏡もちの上に載せるのは「橙（ダイダイ）」。子孫代々栄えるようにと縁起をかついだごろ合わせになっています。

いっしょに作って遊ぶ アイディア

2～3歳児 干支を作ろう！

十二支の動物のイラストを拡大コピーし、色を塗って紙コップにはってでき上がり！

4～5歳児 劇遊びに展開

子どもたちが好きな十二支のお面を作りましょう。十二支になり切って遊んで最終的には劇遊びにつなげても！

うた＆えほん

♪「もちつき」
♪「お正月」
♪「たこのうた」
♪「おしょうがついいな」

📖「十二支のおやこえほん」
📖「十二支のお節料理」
📖「七ふくじんとおしょうがつ」
📖「おもちのきもち」

年中行事ちょこっとシアター その7

2月3日 節分　牛乳パックシアター

『サイコロ節分』
～節分ってなんの日？～

用意する物	牛乳パック、着色具、のり、マスキングテープ、ハサミなど
作り方	① 牛乳パックふたつでサイコロを作る ② P.100の型紙をコピーして着色し、サイコロにのりではり付ける

ポイント
鬼の絵はクラスの子どもの姿を見て、わすれんぼう鬼、あわてんぼう鬼などに変えてみても！

牛乳パックをサイコロにするときは、ハサミやカッターナイフで一度折り線をしっかりつけるときれいにしあがります。

ストーリー＆進め方

1 それぞれの鬼を順に見せる

「昔の人は"鬼"は、悪いことやこわい病気を持ってくるものだと思っていました」

「鬼の中には『おこりんぼう鬼』『泣き虫鬼』『いじわる鬼』などいろいろな鬼がいます」

2 豆を見せる

「その鬼を追い払うために、悪いものを追い払う力がある"豆"を投げたり、食べたりしていたんだって」

3 やいかがしの面を見せる

「鬼にはもうひとつ嫌いな物があって、それは焼いたイワシの頭をヒイラギの枝に付けてある"やいかがし"。これを玄関に置いておくおまじないもあるんだよ」

4 鬼の面と福の面を話に合わせて見せる

「『鬼は外、福は内』と言いますが"鬼"は悪いもの、"福"は良いものという意味なので、豆まきをして幸せをいっぱい迎えましょう、と豆まきが始まりました」

シアターアレンジ

職員劇で演じよう！

紙皿で鬼や福のお面を作り、保育者がそのお面をかぶって職員劇で節分のお話をしてみましょう。子どもたちに豆まきをしてもらい、参加型の劇にしてもいいですね。

子どものギモン？を解決！ 鬼って何？

寒さや病気、災害など、悪いものを「鬼」に見たてています。鬼は丑寅（東北）の方向にいるとされました。そのため、ウシのようなツノがあり、トラの皮のふんどしを着けているという姿が考えらえました。

あそび

ゲーム サイコロに従え！

サイコロを転がします。「鬼」の面が出たら、豆をまくふりをしましょう。「福」の面が出たら、大きな声で笑いましょう。「豆」の面が出たら、食べるふりをしましょう。「やいかがし」の面が出たら、鼻をつまみましょう。

クイズ

Q 鬼のふんどしはどんな動物の皮でできている？
A トラ

Q おにはおにでも食べられるおには？
A おにぎり

Q 節分に食べる豆は何？
A 大豆

Q 「鬼は内！ 福は内！」どこが間違えているでしょうか？
A 鬼は内→鬼は外

Q やいかがしはなんの頭とヒイラギの葉でできている？
A イワシ

行事の豆知識 豆はいくつ食べるの？

豆には悪いものを追い払う力があるので、豆まきが終われば自分の年よりひとつ多い数の豆を食べます。豆の力で次の年も健康で過ごせますように、という願いが込められているのです。

「やいかがし」って何？

節分の「鬼払い」のおまじない。焼いたイワシの頭をヒイラギの枝に付けます。鬼はイワシの頭のにおいが嫌いなのと、ヒイラギのギザギザした葉っぱが痛いので、鬼が退散するそうです。

いっしょに作って遊ぶアイディア

2〜3歳児 変身してお話しよう！

サイコロの絵に合わせて声色を変えてお話してみましょう。子どもたちもサイコロを作っていっしょに変身してみよう！

4〜5歳児 鬼ファッションショー

紙袋やカラーポリ袋などいろいろな素材を用意して、グループごとに鬼のお面や鬼の服などを作り、ファッションショーをしてみましょう。低年齢児さんにも観客として参加してもらって、どのグループがいちばんよかったか決めても楽しいですね。

うた＆えほん

- ♪「まめまき」
- ♪「おにのパンツ」
- 📖「おにはそと」
- 📖「ふくはうちおにもうち」
- 📖「おたんじょう月おめでとう2月生まれ ふくはうち」
- 📖「ちいちゃんとまめまき」

年中行事ちょこっとシアター その8

3月3日 ひなまつり　指人形シアター

『プチひな人形』
～ひな壇にはだれがいるの？～

用意する物　折り紙、丸シール、セロハンテープ、色画用紙、着色具、ビニールテープ

作り方
① 人形を折り（P.13の折り図参照）丸シールをはって顔を描く
② 色画用紙を6等分になるように折って折り目をつけ、ひな壇にする
③ P.102の型紙をコピーして着色し、色画用紙にはる

ポイント
丸シールがない場合は、画用紙や折り紙で丸を作って代用しましょう。

おひな様、お内裏様の後ろに金の折り紙をはり付けるとさらに雰囲気が出ます。

指人形の裏面にセロハンテープを輪っかにしてはっておきます。色画用紙の人形をはる位置にはビニールテープをはっておき、はってはがせるようにしておきます。

ストーリー＆進め方

お内裏様とおひな様を指人形のようにして出す

「ひなまつりは、きれいなお人形を飾って、女の子の成長や幸せを願うお祭りです」

「ひな人形は、おひな様とお内裏様の結婚式をしているところを表現しています」

お内裏様とおひな様を色画用紙にはる

「いちばん上の段には、内裏びなといって、"男雛（おびな）"と"女雛（めびな）"がいます」

三人官女を同様に出してはる

「2段目には"三人官女（かんじょ）"といって、お祝いのお酒を運ぶ人がいます」

以下同様に五人囃子、右大臣・左大臣、仕丁を出す

「3段目には"五人囃子（ばやし）"といって、つつみや太鼓、笛を吹く人や歌う人がいます」

「そして4段目にはとても強い"右大臣"と"左大臣"がいます」

「5段目には、いろいろなお手伝いをしてくれる"仕丁（してい）"がいます」

シアターアレンジ

クリアフォルダーシアター

ひな人形の段ごとに色画用紙を切り、1枚に切ったクリアフォルダーに1段ずつはります（6段が重ならない位置になるようにはる）。クリアフォルダーにそれぞれの段を入れていきながら演じてみましょう。

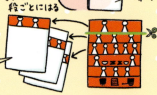

あそび

ゲーム 間違いさがし

指人形の位置を入れ替えたり指人形を隠したりして、どこが入れ替わったか、どの人形がいなくなったか、当てっこして遊びましょう。

クイズ

Q ひなまつりに飾る物は何？
A ひな人形、おひな様

Q 五人囃子の歌をうたう人以外が持っている楽器は、つつみ、小鼓、太鼓、あとひとつは？
A 笛

Q お内裏様の座り方はあぐら？ 正座？ どちらでしょうか？
A あぐら

Q ひな人形といっしょに飾るおもちは？
A ひしもち

子どものギモン？を解決！
ひしもちは、上から桃色・白色・緑色になっています。桃はモモの花、白は雪、緑は大地を表現し、雪が溶けて草が芽生えて花が咲くという意味があります。

行事の豆知識 どうしてモモの花を飾るの？

モモの花を飾るので「モモの節句」。モモの木には、悪いものを追い払う力があるといわれています。

ひなまつりの始まり

ひなまつりの始まりは、子どもに悪いことが起こらないように、紙の人形で体をなでて、その人形を川に流す「流し雛」だといわれています。

なぜハマグリのお吸い物？

ハマグリの2枚の貝殻は、外してしまうと、ほかの貝殻とは合いません。このことからひとりの人に一生添い遂げる、という意味を持っています。

製作物全体図

人形の持っている道具などは、P.102に型紙があります。全部つけるとより本格的なひな人形になりますよ。

一段目：内裏びな
関東では向かって左が男雛、右が女雛（関西では逆）

二段目：三人官女

三段目：五人囃子

四段目：随身（ずいしん）
左が右大臣、右が左大臣

五段目：仕丁（家来）
左に右近の橘、右に左近の桜

六、七段目：道具
重箱、御駕籠（おかご）、御所車（ごしょぐるま）、たんす、長持ちなど

指人形折り図

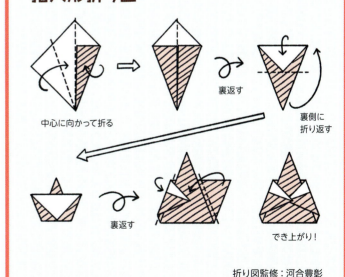

中心に向かって折る → 裏返す → 裏側に折り返す → 裏返す → でき上がり！

折り図監修：河合豊彰

うた＆えほん

♪「うれしいひなまつり」
♪「もしも季節がいちどにきたら」
♪「おひなさま」

📖「ひなまつりにおひなさまをかざるわけ」
📖「わたしのおひなさま」
📖「ひなまつりルンルンおんなのこの日」
📖「のはらのひなまつり」

プロローグ

1… 年中行事ちょこっとシアター

頁	No	行事	タイトル
2…	1	こどもの日	ちびっこいのぼり ～こいのぼりはなぜ飾る?～
3…	2	七夕	七夕のひみつ ～織り姫と彦星のおはなし～
4…	3	お月見	優しいウサギ ～月のウサギのおはなし～
5…	4	ハロウィン	ハロウィンって? ～ハロウィンはお祭り!?～
6…	5	クリスマス	聖夜のおはなし ～なぜ靴下にプレゼント?～
8…	6	お正月	十二支のはじまり ～ネコはなぜいないの?～
10…	7	節分	サイコロ節分 ～節分ってなんの日?～
12…	8	ひなまつり	プチひな人形 ～ひな壇にはだれがいるの?～

16… 春夏秋冬いつでもシアター

頁	No	種類	タイトル	タグ
18…	1	牛乳パックシアター	ドリーム☆ボックス	入園・進級 / マジック
22…	2	指人形シアター	とことこ たんけんたい	入園・進級 / 低年齢児
24…	3	パタパタシアター	たかいたかい だいすき	入園・進級 / 低年齢児
28…	4	穴あき紙芝居	おしゃれなてんとうちゃん	虫・動物 / クリアフォルダー
30…	5	ペープサート	あっぱれ ぎんたろう!	こどもの日
34…	6	マジック	こいのたきのぼり	こどもの日

36…	7	パネルシアター	ひえひえマン	食べ物 / ゲーム
40…	8	ペープサート	やさいのおばけ大会	食べ物 / ゲーム
43…	9	バリエーション ペープサート	やさいのぼうし	低年齢児 / ゲーム
44…	10	色水シアター	マジカルジュース屋さん	職員劇 / 科学マジック
48…	11	パタパタシアター	どんどんのびる木	低年齢児

50… ⑫ 手袋シアター　食べ物　動物
びっくり！ ひろい

54… ⑬ ペープサート　お誕生会　昔話
サル・カニバースデイ

57… ⑭ バリエーション ペープサート　低年齢児　イモ掘り
サル・カニいもほり

58… ⑮ 紙皿シアター　食べ物
かわむいてかわむいて

60… ⑯ パタパタシアター　食べ物　低年齢児
ごちそうさまでした。にこっ

64… ⑰ ペープサート　動物
なわとびてぶくろ

67… ⑱ バリエーション ペープサート　クイズ
ホラホラみえたゲーム

68… ⑲ 紙シアター　クリスマス　クイズ
サンタさんのひみつ

72… ⑳ パネルシアター　お正月
ねねちゃんのお正月

76… ㉑ ミニパネルシアター　お正月　クイズ
十二支あてっこ着ぐるみぬいだ

78… ㉒ ペープサート　歌＆ダンス　クイズ
へんなゆきだるま

82… ㉓ マジック　節分
みんなの鬼をやっつけろ

84… ㉔ ぐちゃぐちゃシアター　お別れ会　紙シアター
レッツゴー！　お別れ遠足

88… ㉕ のびるカードシアター　お誕生会　紙シアター
ネズミ兄弟のお誕生日

92… ㉖ マジック　集会など
元気なストロー

94… ㉗ 紙シアター　集会など　忍者
巻物をうばいかえせ！

97… コピーで　らくらく！　型紙ページ

身近な素材で！カンタン楽しい！春夏秋冬いつでもシアター

本章の見方

シアターの種類
ペープサートやパネルシアターなど、シアターの種類を示しています。
- ペープサート
- パネルシアター
- マジック
- カードシアター
- 手袋シアター
- 紙皿シアター

などいろいろなシアターを紹介しています！

シアター選択基準に
入園や進級、誕生日会などいつ使えるのか、何をテーマにしたシアターなのかなどを示しています。シアターを選ぶときの基準にしてください。

5章立て
春・夏・秋・冬・いつでもの5章立てになっています。

演技のPoint
実際に演じた演じ手の声を反映！ここを押さえればうまく演じられますよ。

演じ方
大きな写真と詳細な演じ方でわかりやすくなっています。

楽譜つき
歌つきのものは楽譜を掲載しています。

季節ごとに楽しくて
子どもにウケるシアターを紹介！
いろいろなアイディアを吸収して、
出し物の引き出しを
いっぱい増やしてください。
そして、子どもたちとシアターを
楽しんでくださいね。

本章の特長

特長1
身近な素材で いろいろなシアター！

ペープサートやパネルシアターなどの定番はもちろん、牛乳パック、紙皿、クリアフォルダー、手袋などの身近な素材でカンタンにできて驚きいっぱいのシアターや、職員劇、マジックなど全27作品。

特長2
春夏秋冬＋いつでも で1年中使える！

季節ごとのシアターといつでも使えるシアターを紹介しているので、1年中出し物に困ることがありません。

特長3
アレンジでもっと広がる！

すべてのシアターにアレンジつき！ 誕生会向けのアレンジ、0・1・2歳児でも楽しめるアレンジなどを掲載。一度やっておしまい、ではなく、いろいろなシチュエーションで使えるようになっています。

アレンジつき
シアターに必ずアレンジが掲載されています。
★お誕生会アレンジ…お誕生会で使えるアイディアを紹介。
★0・1・2歳児アレンジ…低年齢児でも楽しめる工夫を紹介。
もうひとつ＋アレンジ…上記のアレンジ以外のプラスアイディアを紹介。

次のページから
春のシアターが
始まります！

牛乳パックシアター
ドリーム☆ボックス

園にはこんなに楽しい物がいっぱい！ 子どもたちに園の楽しさが伝わるシアターです。

案・製作／kit-chen（小沢かずと、iku、鈴木翼）

用意する物

机に見たてた段ボール箱、ドリーム☆ボックス、紙（ドリーム☆ボックスに入るサイズ）、ペン、糸のような絵、しましまの絵、キラキラの紙、カスタネット、イチゴのおもちゃ、パトカー（車のおもちゃ）、ヘビのおもちゃ、靴下、フラッグガーランド

- □ 段ボール箱
- □ 牛乳パック2本
- □ 包装紙や色画用紙　など
- □ ひも
- □ ペン
- □ カッターナイフ
- □ のり
- □ ハサミ

作り方

机に見たてた段ボール箱
図のように切って、色画用紙などをはる。

ドリーム☆ボックス
牛乳パック1本は底を切り取り、もう1本は底から高さ15cmに切って中に入れる（上下が空いていて、中に仕切りがある）。包装紙をはる。

※ドリーム☆ボックスの上部に絵を入れ、下部に出てくる物を入れておきます。魔法をかける前に上下を逆転させ、上部から物が出てきたように演じます。

フラッグガーランド
図のようにひもに画用紙などで作った三角形をはり、P.103の型紙を参考に、「おめでとう」と書く。

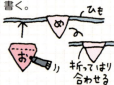

1
机に見たてた段ボール箱の後ろに、ドリーム☆ボックスなどを隠して置いておく

保育者「みんなようこそ！　○○保育園（幼稚園）へ！ここには楽しい物がたくさんあるんだよ」

ドリーム☆ボックスを出して

保育者「そうだ！　今日は、このドリーム☆ボックスを使ってみんなに紹介するね」

演技のPOINT 使う順に置き場を決めて段ボール箱の後ろに置いておくとスムーズに作業できます。

2

紙とペンを出して

保育者「まずは、この紙に好きな物を描くよ。カキカキカキカキ…」

保育者「じゃーん！　カスタネット！たたくと楽しい音がするんだよ」

3 ドリーム☆ボックスの下部にカスタネットを入れて落ちないように持ち、描いた紙をドリーム☆ボックスの上部に入れる

保育者　「この絵をドリーム☆ボックスに入れて…」

4 ドリーム☆ボックスの上下をわからないように入れ替えて、指で魔法をかけるようなしぐさをしながら

保育者　「魔法をかけるよ。
　　　　　ヨシデイゴス！　コハナギシフ〜」

演技のPOINT　カスタネットが落ちないようにしっかりとふたをするように持ちましょう。

春　ドリーム☆ボックス

ドリーム☆ボックスからカスタネットを出す

保育者　「ほら出てきた！　カスタネット。
　　　　　ちゃっちゃっ！　ちゃっちゃっちゃっ！
　　　　　あ〜楽しい！」

演技のPOINT　上下の入れ替えはスムーズに行ないましょう。何も入っていないことを証明するために、最初にからのドリームボックスを見せても効果的！

5 ドリーム☆ボックスにイチゴのおもちゃを入れ、同様に進めていく

保育者　「次は何にしようかな〜？
　　　　　そうだ　カキカキカキカキ…
　　　　　イチゴ！」

イチゴを描いた紙をドリーム☆ボックスに入れて、魔法をかけ、おもちゃを取り出す

保育者　「魔法をかけるよ。
　　　　　ヨシデイゴス！　コハナギシフ〜」

保育者　「じゃーん！
　　　　　イチゴのおもちゃ！
　　　　　おままごと遊びとかしたら
　　　　　楽しそう」

❻ ドリーム☆ボックスにパトカーのおもちゃを入れて同様に進めていく

保育者「かっこいい乗り物もいいなぁ。
カキカキカキカキ…」

パトカーを描いた紙をドリーム☆ボックスに入れて、魔法をかけ、パトカーのおもちゃを出す

保育者「魔法をかけるよ。
ヨシデイゴス！ コハナギシフ〜」

保育者「じゃーん！ パトカー！
かっこいいな〜。ウー ウー ウー」

❼ ドリーム☆ボックスにヘビのおもちゃを入れておく
糸のような絵が描いてある紙を出す

保育者「あれ？ なんだろう？ この紙…。
髪の毛？ 糸？ とりあえずドリーム☆ボックス
に入れてみたらわかるね」

❽ ドリーム☆ボックスに紙を入れて

保育者「魔法をかけるよ。
ヨシデイゴス！ コハナギシフ〜」

ドリーム☆ボックスからヘビのおもちゃを出す

保育者「うっうわ〜！ ヘビだ〜！！ みんな
逃げろ〜！ あ〜、びっくりしたね。
わからない物はかってに入れちゃ危ない
から、気をつけるね」

演技のPOINT おそるおそるつまむようにしてヘビのおもちゃを触ると、よりびっくり感を演出できます。

❾ ドリーム☆ボックスに靴下を入れておく

しましまの絵が描いてある紙を出す

保育者「と思いきや、またこんな所に紙があるよ。
しましま？ え！？ もしかして…。
入れてみたい…入れてみたい…ん〜入れ
ちゃえ！」

10	ドリーム☆ボックスに紙を入れて、魔法をかけ、靴下を出す

保育者「魔法をかけるよ。
　　　　ヨシデイゴス！　コハナギシフ〜」

保育者「ぎゃー！　わたしの靴下…。
　　　　お恥ずかしい。失礼しました〜。
　　　　あはははは」

ぎゃー！
わたしの靴下

春
ドリーム☆ボックス

| **11** | ドリーム☆ボックスに
フラッグガーランドを入れておく
キラキラの紙を出す |
|---|---|

保育者「今日はこの辺にして、最後はみんなにプ
　　　　レゼントだよ。
　　　　このキラキラの紙を入れて…」

最後は
みんなに
プレゼント
だよ

ドリーム☆ボックスに紙を入れて、魔法をかけ、フラッグガーランドを出す

保育者「魔法をかけるよ。ヨシデイゴス！
　　　　コハナギシフ〜」

保育者「じゃーん！　みんな入園（進級）、
　　　　おめでとう！」

入園、おめでとう！

おしまい

アレンジ

お誕生会アレンジ
出てくる物を、お誕生日に関係する物にし、最後に「おたんじょうびおめでとう」と描いたガーランドを出すとgood！

0・1・2歳児アレンジ
ドリーム☆ボックスを大きめに作り、ぬいぐるみなど、出てくる物を低年齢児になじみのある物にしてみましょう。「ウサギのぬいぐるみ、○○ちゃんどーぞ」と出てきた物を手渡すといいですね。

もうひとつ＋アレンジ
ドリーム☆ボックスに入れる紙を、カラースポンジやデコレーションボールなどに変え、赤いスポンジを入れたら赤い物が出てくるようにするなど、いろいろな演じ方ができます。

指人形シアター

とことこ たんけんたい

ブタくんとゾウくんが、子どもたちの上をとことこ歩いて「宝探し」に出発です！

案・製作／藤本ともひこ

用意する物

ブタくんとゾウくんの指人形

- □ 全芯ソフト色えんぴつなどの色彩具
- □ ハサミ
- □ カッターナイフ

作り方

❶ P.104の型紙をコピーして着色する。

❷ イラストに沿って切り、指を入れる所を切り抜いてでき上がり。

1 右手にブタくんの指人形、左手にはゾウくんの指人形をはめておく
右手のブタくんを出して

- 保育者 「今日はいい天気。ブタくんは、鼻の穴を広げて、優しい風を、ブホーッと吸い込むと言いました」
- ブタくん 「今日は宝探しに出発だー！」
- 保育者 「最初に目ざすは、あたまやまです」

2 歌の1番をうたいながら子どもたちの頭を指人形で歩いていく

- 保育者 「♪とことこ ぶたくん やってきて きょうは たんけん あたまやま とことこ とことこ てっぺんだ」

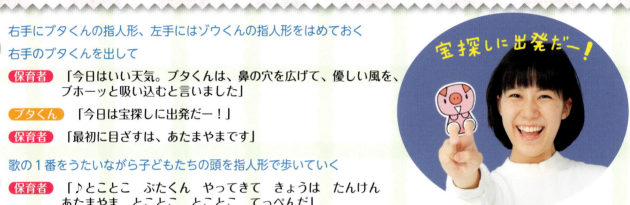

3
- 保育者 「でも、あたまやまには宝物はありませんでした。ブタくんが残念がっているところに、ゾウくんが、パオーンとやって来ました」

左手のゾウくんを出して

- ゾウくん 「ぼくも探検隊に入れて」
- ブタくん 「いいよ」
- 保育者 「ふたりで、探検すれば楽しいものね」

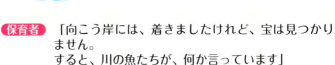

春 とことこたんけんたい

4

保育者　「ふたりの目の前にはうでのかわです」

子どもたちの腕を前に出して並べてもらい、歌の2番をうたいながらその上をブタくんとゾウくんの指人形で歩いていく

保育者　「♪とことこ　ゾウくん　やってきて
　　　　　きょうは　たんけん　うでのかわ
　　　　　ざぶざぶ　ざぶざぶ　むこうぎし」

演技のPOINT　人数が多いときは、繰り返し歌ってふれあいを多くしましょう。

5

保育者　「向こう岸には、着きましたけれど、宝は見つかりません。
すると、川の魚たちが、何か言っています」

魚たち　「宝は、おしりだにだよ」

ブタくん　ゾウくん　「そっかあ。ありがとうー」

歌の3番をうたいながら子どもたちのいろいろな所を指人形で歩いて「みっけ」でくすぐる

保育者　「♪とことこ　みんな　やってきて　おたから　どこだ　おしりだに　とことこ　とことこ　みっけ！」

6

保育者　「ついに見つけました。宝は『みんなの笑った顔』だったのです。ブタくんもゾウくんも笑っています」

ブタくん　「ブヒブヒ！」

ゾウくん　「パオパオ！」

保育者　「おもしろかったら、それでいいのです。また、楽しい探検に行こうね」

アレンジ

お誕生会アレンジ

誕生児へのプレゼントを探しに、探検に出かけるストーリーにしてみましょう。最後に「みんなの笑ったお顔をプレゼント！」

とことこたんけんたい　作詞・作曲／藤本ともひこ

パタパタシアター
たかいたかい だいすき

「たかいたかいやってー」といろいろな子どもたちが出てきます。みんなたかいたかいをしてもらえるかな？

案・製作／藤本ともひこ

用意する物

子グマ、子ワニ、子ゾウ、子ロボットのパタパタシアター

- □ 全芯ソフト色えんぴつなどの色彩具
- □ ハサミ
- □ のり

作り方

❶ P.104.105の型紙を拡大コピーし、着色する。

❷ 図のようにはり合わせ、1回折ってでき上がり。

保育者　「たかいたかい、やってもらったことある人～？」

子どもたちの反応を受けて

保育者　「いっぱいいるね。じゃあ今日はこんなお話、持って来たよ」

子グマのシアターを出して

保育者　「ある日のことでした。子グマが言いました」

子グマ　「たかいたかい、やってー」

3

「たかいたかーい」でシアターをめくって
- パパグマ 「いいよー。たかいたかーい」
- 子グマ 「わーい！」
- 保育者 「子グマくん、たかいたかいやってもらってよかったね」

演技のPOINT 「たかいたかーい」と子どもの注目を集めるように開くと期待もUP！

春 たかいたかいだいすき

たかいたかーい

たかいたかいやってよー

4

子ワニのシアターを出して
- 保育者 「今度は子ワニが言いました」
- 子ワニ 「たかいたかい、やってよー」

きゃっきゃっ

「たかいたかーい」でシアターをめくって
- パパワニ 「いいぜー。たかいたかーい」
- 子ワニ 「きゃっきゃっ」

たかいたかーい

たかいたかい
してほしい
ぞう

5 子ゾウのシアターを出して
- 保育者 「お次は子ゾウがやって来て言いました」
- 子ゾウ 「たかいたかいしてほしいぞう」

わーい
すごい
たかいぞう

「たかいたかーい」でシアターを
めくって
- パパゾウ 「いいぞう。たかいたかーいぞう」
- 子ゾウ 「わーいすごい たかいぞう」

6 保育者 「最後は…」
子ロボットのシアターを出して
- 保育者 「子ロボットが言いました」
- 子ロボット 「タ・カ・イ　タ・カ・イ・シ・テ」

さいごは…

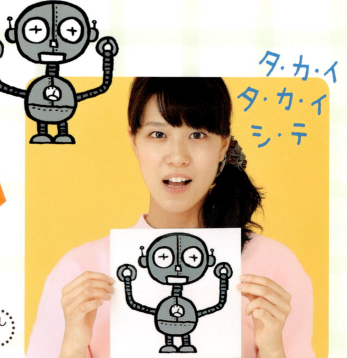

タ・カ・イ
タ・カ・イ
シ・テ

演技のPOINT 表情をなくし、棒読みにして「ロボットらしさ」を出してみましょう！

春
たかいたかい だいすき

「タ・カ・イ　タ・カ・ー・イ」
でシアターをめくって

パパロボット　「イ・イ・ヨ
　　　　　　　　タ・カ・イ
　　　　　　　　タ・カ・ー・イ」

子ロボット　「ア・リ・ガ・ト・ウ」

保育者　「あー楽しかった！
　　　　みんなもたかいたかいしてもらってね」

アレンジ

お誕生会アレンジ

お誕生会などでは、誕生児をクラスのみんなでたかいたかいしているお話もステキです。

もうひとつ＋アレンジ

ほかにもいろいろな登場人物を考えると楽しいです。子どもたちとパタパタシアターを作ってみてもいいですね。

穴あき紙芝居

虫・動物 クリアフォルダー

おしゃれなてんとうちゃん

おしゃれなテントウムシのてんとうちゃん。いろいろなお友達にお洋服を借りていくけれど…。

案・製作／ kit-chen（小沢かづと、iku、鈴木翼）

用意する物

テントウムシ（模様・窓）、ウシ、カメ、カタツムリ

☐ 色画用紙
☐ クリアフォルダー
☐ ハサミ
☐ 丸シール
☐ のり

作り方

❶ 拡大コピーしたP.105.106の型紙を使い、パーツを切り、画用紙・色画用紙（30×21cm）にはる。目は丸シールをはる。

❷ テントウムシは、模様と窓を重ねてクリアフォルダーに入れる。
※演じるときは、この間にほかの動物の絵を入れていきます。

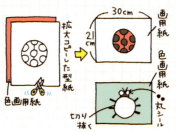

---

1 テントウムシを出しながら

テントウムシ　「みんな見て見て！　わたしの赤と黒の水玉模様のお洋服ステキでしょ？　とっても気に入っているの」

ちょっと着させてくださる？

お洋服ステキでしょ？

2 ウシの絵を出して

ウシ　「やあ、てんとうちゃん。今日もステキなお洋服だね〜」
テントウムシ　「ウシさんのお洋服もいいわぁ。ちょっと着させてくださる？」
ウシ　「いいとモ〜」

3 ウシの絵をクリアフォルダーに入れて

テントウムシ　「どう？　どう？　いい感じね」
ウシ　「てんとうし…。なんちゃって」

ウシの絵を抜き出しながら

テントウムシ　「ウシさん、どうもありがとう」

いい感じね

4 カメの絵を出して同様に進める

- **カメ**　「てんとうちゃん。今日もおしゃれだね〜」
- **テントウムシ**　「ありがとう。ねぇねぇカメさん。カメさんのお洋服、着てもいいかしら？」
- **カメ**　「どうぞ、どうぞ」

カメの絵をクリアフォルダーに入れて

- **テントウムシ**　「色はステキだけど…わたしには少し重たいわ」

カメの絵を抜き出しながら

- **テントウムシ**　「カメさん、どうもありがとう」
- **カメ**　「いやいや、おカメ〜なく」

5 『かたつむり』（作詞・作曲／文部省唱歌）を歌いながら、カタツムリの絵を出して

- **カタツムリ**　「♪でんでんむしむしかたつむり〜」
- **テントウムシ**　「カタツムリさん、今日もごきげんね。ちょっと、カタツムリさんのお洋服貸してくださる？」
- **カタツムリ**　「か・す・つ・も・り、だったらいいよ〜」

カタツムリの絵をクリアフォルダーに入れて、グルグルと回しながら

- **テントウムシ**　「あれ〜！　あ〜あ〜、なんだか目が回る〜ちょっと転倒（てんとう）しそう〜」

カタツムリの絵を抜き出しながら

- **テントウムシ**　「カタツムリさん、ありがとう」
- **カタツムリ**　「でんでん気にしないで〜。いいよ〜」

アレンジ

お誕生会アレンジ

「おしゃれなてんとうちゃんのプレゼント」というストーリーにし、誕生児の好きな物（食べ物・おもちゃ　など）の絵をクリアファイルにあらかじめ入れておきます。てんとうちゃんの模様がなんの絵か当てっこしてお祝いしましょう。

0・1・2歳児アレンジ

クリアフォルダーの中に入れる生き物を模様のわかりやすいシマウマ・キリンなどにし、当てっこしてみましょう。わからない場合は鳴き声などをヒントに演じてみましょう。

テントウムシの絵を見せながら

- **テントウムシ**

「いろいろなお洋服が着られて、とっても楽しかったわ。でも、やっぱりこのお洋服が　わたしのお・き・に・い・り♡」

ペープサート

あっぱれ ぎんたろう！

優しくて力持ちのぎんたろうが、魚のおばけと格闘します。捕まえた魚のおばけの正体は…!?

案／阿部直美・製作／くるみれな

用意する物

ぎんたろう（表・裏）、クマ（表・裏）、かしわもちのペープサート
こいのぼり、台付きの森、台付きの草2個、ちょんまげ

- □ 割りばしまたはペープサート用竹ぐし
- □ 全芯ソフト色えんぴつなどの色彩具
- □ 両面テープ　□ スティックのり
- □ 色画用紙　　□ 段ボール
- □ カラーポリ袋　□ ビニールテープ
- □ 牛乳パック　□ 油粘土
- □ 新聞紙　　　□ クラフトテープ

作り方

ぎんたろう・クマ・かしわもち

P.107、108の型紙を拡大コピーし着色する。
※ぎんたろう、クマは表裏があります。

森

草

こいのぼり
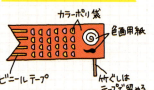

ちょんまげ

机の上に森と草を用意し、ぎんたろうの表面を出す

保育者「むかしむかし…山にぎんたろうという子どもが住んでいました。そうです、あの金太郎の友達です。気は優しくて力持ちなのは金太郎と同じです」

『ぎんたろうの歌』の1番をうたいながら自由に動かす

保育者「♪げんきな　げんきな
　　　　ぎんたろう　こころはやさしい
　　　　ちからはつよい　もりのなかまは
　　　　ともだちだ」

演じ手から見て右側（下手）に草を、左側（上手）に森を置きます。森の後ろには「こいのぼり」を置いておきましょう。

山にぎんたろうという子どもが住んでいました

春 あっぱれ ぎんたろう！

クマの表面を出す
保育者 「ある日のこと、クマがやって来ました」
クマ 「ぎんたろうさーん。森に大きな目玉おばけがいる。こわいよう〜！！」
ぎんたろう 「それはたいへんだ。行ってみよう」
保育者 「森に行ってみると…」

おばけがいるよ〜

あの目玉はなんだ！

3 ぎんたろうとクマの裏面を草に立てる
森の穴からこいのぼりの目玉を見せ円を描くようにゆっくり回す（目玉が動いて見える）
ぎんたろう 「うわぁっ…あの目玉はなんだ！」
クマ 「こっちをにらんでグルグル回ってる！」

保育者 「そのとき風がピューッと吹いて…」
こいのぼりの尾を持ち上げ振る
保育者 「バタバタバタ…と何かが飛び出してきました」
ぎんたろう 「おばけが大きくなった」
クマ 「うへぇーもうだめだ、逃げようよ」

うへぇー もうだめだ

ぎんたろうの歌　作詞・作曲／阿部直美

5 ぎんたろうの裏面をこいのぼりに飛びかからせる

ぎんたろう　「おばけなんかに負けるもんか。力を出して、エーイ！」

保育者　「ぎんたろうは勇気を出しておばけに飛びかかりました」

ぎんたろうの裏面の穴にこいのぼりの尾を深く入れる

演技のPOINT　穴にこいのぼりの尾を入れることで、ぎんたろうがこいのぼりを捕まえたように見えます。

6　**保育者**　「すると、またまた風がピューッ…」
こいのぼりとぎんたろうを持って動かしながら

ぎんたろう　「お、お、おばけが飛び上がった〜！わぁ〜魚のおばけだ。逃がすものか。おりゃ〜！　うっひゃ〜！どわわ〜ん！！」

保育者　「しかし、風がやむと魚のおばけは急に空から落ちてしまいました」

ぎんたろう　「うーん。手ごわい相手だったが捕まえたぞ…」

クマの表面を立てる

保育者「と、そこにお城のお殿様がやって来て」

こいのぼりとぎんたろう（表）を立て、保育者はちょんまげをかぶってお殿様になる

お殿様「これはおばけではない。こいのぼりという、めでたい魚の飾り物じゃ。風に飛ばされて、探しておったのじゃよ。ぎんたろう、よく捕まえてくれたのぉ〜。あっぱれじゃ！」

演技のPOINT 演じ手は、舞台に隠れて「ちょんまげ」をサッとかぶりましょう。

あっぱれじゃ！

春 あっぱれ ぎんたろう！

保育者「こうして、ぎんたろうとクマはお殿様からごほうびにかしわもちをたくさんもらったということです。よかったね。おしまい」

『ぎんたろうの歌』の2番をうたいながら、かしわもちを持って自由に動かす

保育者「♪すごいぞ すごいぞ ぎんたろう こころはやさしい ちからはつよい あっぱれ つかんだ こいのぼり」

おしまい

アレンジ

お誕生会アレンジ

お殿様が登場して、「ぎんたろうと○○組のみんなにこいのぼりをプレゼントしようと思っていた」というストーリーにしてもOK！

0・1・2歳児アレンジ

いなくなったこいのぼりを、ぎんたろうとクマが探すストーリーにして演じてみましょう。森や草からこいのぼりをのぞかせて「ここかな？あそこかな？」と、低年齢児にもわかるように工夫しましょう。

シアター 6

マジック  こどもの日

こいのたきのぼり

P.30〜『あっぱれ ぎんたろう！』のお殿様になって、こいのぼりの由来を手品で伝えてみましょう。

案／阿部直美・製作／くるみれな

用意する物	作り方	たねあかし
ちょんまげ（P.30参照） 新聞紙 滝と滝のぼりの絵 ☐ 新聞紙 ☐ 青い色画用紙2枚（同色同形） ☐ 全芯ソフト色えんぴつなどの色彩具	青い色画用紙に、P.108のコイの滝のぼりと滝の型紙を拡大コピーして着色する。 	❶ ふたつに折った新聞紙の中に、図のようにコイの滝のぼりの絵を挟み、その上に滝の絵を重ねる。 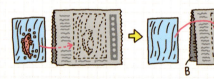 ❷ 新聞紙を巻き、Bを巻き戻して広げていくと、こいの滝のぼりの絵が出る。 

1 　ちょんまげをかぶってお殿様（保育者）登場
お殿様　「オホン！　みんなはコイという魚がどんなに強いか知っておるかのう？」

2 　新聞紙（コイの滝のぼりの紙を挟んである）と滝の紙を持って
お殿様　「この青い紙は上から下にドゥーと流れる滝じゃ」

演技のPOINT　ちょんまげをかぶって、表情豊かにお殿様を演じましょう！

3 　滝の紙を新聞紙に重ねていっしょに丸める
お殿様　「これを、くるくると丸めて…」

お殿様 「みんなで『滝のぼりの歌』をうたおう」
お殿様 「♪ほんとに ほんとに のぼるかな
　　　　げんきな こいの たきのぼり エイッ」

お殿様 「さて、紙を巻き戻すと…」
コイの滝のぼりの紙が出てくるように新聞紙を
巻き戻していく

春 こいのたきのぼり

お殿様 「あ〜ら不思議！
　　　　コイが下から上に滝をのぼ
　　　　るように上がってくる！」

お殿様 「こんなに元気の良い
魚だから、子どもたち
が元気になるようにと
『こどもの日』にこい
のぼりを飾るのであるの
だぞ。おしまい」

アレンジ

お誕生会アレンジ
お殿様からの「お誕生日プレゼント」として手品を披露すると盛り上がりますよ。

0・1・2歳児アレンジ
手品の不思議さを強調して伝えるのではなく、コイが強い魚なので「こどもの日」にこいのぼりを飾るようになったという由来をわかりやすく話してみましょう。

パネルシアター
ひえひえマン

 食べ物 ゲーム

ひえひえマンの手にかかれば、どんな物だって冷たくなるよ。何をひえひえにしようかな。

案／松家まきこ・製作／大野太郎

用意する物

ひえひえマン、パパ（表裏）、ママ（表裏）、ぼく（表裏）、わたし（表裏）、まくら、フルーツ、ジュース、カレーライス、ネクタイ、化粧水、プリン、オムライス、お風呂の絵人形
パネル

- □ Pペーパー（不織布）
- □ パネル布
- □ 段ボール板
- □ えんぴつ
- □ ポスターカラーなど着色できるもの
- □ 油性フェルトペン
- □ カッターナイフ
- □ ハサミ

作り方

❶ P.109.110の型紙を拡大コピーし、Pペーパーにえんぴつで絵を描き写す。

❷ ポスターカラーなどで着色し、油性フェルトペンで縁取りしてハサミで余白を切り落とす。

※パパ、ママ、ぼく、わたしは、厚口のPペーパーの表裏に絵を描きます（並口をはり合わせてもOK）。

お風呂

お風呂は、図のように切り込みを入れて、小さく折り畳む。

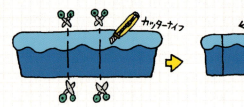

1 リズミカルに歌う

保育者「♪ひえひえマンがやって来た
ひえひえマンがやって来た
なんでもひえひえ　ひえひえマン
なんでもひえひえ　ひえひえマン
いきますよ　はーーーっ」

演技のPOINT どんな音程でもOK！　楽しげにリズミカルに歌いましょう。

パネルにひえひえマンをはる

ひえひえマン「やあ、みなさんこんにちは。
ひえひえマンです。
わたしをお呼びですか？」

みなさん
こんにちは

パパ、ママ、ぼく、わたしをはる
- ひえひえマン 「さあ、あなたがひえひえにしたい物はなんですか？」

ひえひえにしたい絵人形をはりながら
- パパ 「ぼくはまくら ひえひえ〜」
- ママ 「わたしはフルーツ ひえひえ〜」
- わたし 「わたしはジュース ひえひえ〜」
- ぼく 「ぼくはカレーライス」
- 保育者 「え〜〜〜っ」

- 保育者 「カレーライスは冷えちゃったらおいしくないよね。冷えて困る物は『ひえ〜〜！』とポーズをしてくださいね。いきますよ。『ひえ〜〜！』」

みんなで「ひえ〜〜！」と手を左右に大きく振る

- 保育者 「みんなじょうず！ それでは、冷えてうれしい物は『ひえひえ〜』のポーズ！ せーの『ひえひえ〜』」

みんなで「ひえひえ〜」のポーズをする
- 保育者 「よし、みんなでやってみよう！」

- 保育者 「♪ひえひえマンがやって来た ひえひえマンがやって来た なんでもひえひえ ひえひえマン なんでもひえひえ ひえひえマン」

絵人形をランダムに指さして「ひえひえ〜」のポーズか「ひえ〜〜！」の動きをする
- 保育者 「まくら ひえひえ〜 ジュース ひえひえ〜 カレーライス ひえ〜〜 フルーツ ひえひえ〜 楽しいね はーーーっ」

6 (保育者)「では、もっと冷やしちゃおう」
ひえひえにしたい絵人形をはりながら
(パパ)「ぼくはネクタイ　え？
　　　まあいいか　ひえひえ〜〜」
(ママ)「わたしは化粧水　え？
　　　気持ちいいかも　ひえひえ〜〜」
(わたし)「わたしはオムライス
　　　ひえ〜〜！」
(ぼく)「ぼくはプリン
　　　ひえひえ〜〜っ」
(保育者)「では、みんなでやってみよう！」

もっと
冷やしちゃおう

オムライス
ひえ〜〜！

7 (保育者)♪ひえひえマンがやって来た
ひえひえマンがやって来た
なんでもひえひえ　ひえひえマン
なんでもひえひえ　ひえひえマン」

絵人形をランダムに指さして「ひえひえ〜」
のポーズか「ひえ〜〜！」の動きをする

(保育者)「まくら　ひえひえ〜
化粧水　ひえひえ〜
プリン　ひえひえ〜
フルーツ　ひえひえ〜
カレーライス　ひえ〜〜！
オムライス　ひえ〜〜！
ジュース　ひえひえ〜
ネクタイ　ひえひえ〜
楽しいね　はーーーっ」

8 (保育者)「楽しいから、今度は順番を変えて
もっと速くやってみよう！」
順番を変えてスピードを速くして繰り返す
(保育者)「♪ひえひえマンがやって来た〜」

プリン
ひえひえ〜

夏 — ひえひえマン

お風呂をひえひえにしたら？

⑨ 保育者「ねえねえ。なんだか忙しく遊んだら、暑くなっちゃった！もっともっと大きな物をひえひえにしちゃおう！」
ぼく「そうだ、お風呂をひえひえにしたら？」
みんな「いいね〜！」
ひえひえにした絵人形を外し、小さく折り畳んだお風呂をはる

⑩ 保育者「♪ひえひえマンがやって来た
ひえひえマンがやって来た
なんでもひえひえ　ひえひえマン
なんでもひえひえ　ひえひえマン
いきますよ　はーーーっ」
「はーーーっ」でお風呂を大きく広げる

⑪ わたし「わぁ、大きなお風呂って、プールね！みんなで入っちゃおう！」
パパ、ママ、ぼく、わたしを裏返して水着にし、お風呂に入れる
ひえひえマンもお風呂に入れる
保育者「ざぶ〜〜〜ん！　ざぶ〜〜〜ん！
ざぶ〜〜〜ん！　ざぶ〜〜〜ん！
あ〜気持ちいい！！！
みんなですずしくなっちゃった！」

みんなですずしくなっちゃった！
おしまい

アレンジ

お誕生会アレンジ
誕生児の好きな物をひえひえにしてみましょう。また誕生児がひえひえにする物を指さして選んで遊んでも楽しいですね！

0・1・2歳児アレンジ
ハンカチに絵人形を隠してパネルにはります（ハンカチはパネル布によく付きます）。隠れている物を当てて遊びましょう。出てきた物が食べ物だったら、「いただきまーす、あむあむ」と見たてて遊びましょう。

もうひとつ＋アレンジ
画用紙に描いた絵の裏に紙ヤスリをかけると、パネル布にくっつきます。子どもに冷やしたい物を描いてもらいましょう。

シアター 8 夏

ペープサート

食べ物　ゲーム

やさいのおばけ大会

ナスくん、トマトちゃん、スイカくんが集まっておばけ大会の始まり！　そこに本物のおばけがやって来て…。

案／阿部直美・製作／くるみれな

用意する物

ナス、トマト、スイカ（裏面はおばけの顔）、おばけのペープサート、台3個、台付きの草1個

- 割りばしまたはペープサート用竹ぐし
- 全芯ソフト色えんぴつなどの色彩具
- 毛糸
- 両面テープ、セロハンテープ
- ハサミ
- 色画用紙
- 牛乳パック
- 油粘土

作り方

ナス・トマト・スイカ

❶ P.110.111の型紙を拡大コピーして着色し、周りを切る。

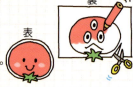

❷ 竹ぐしを両面テープで留め、表・裏を両面テープではり合わせる。

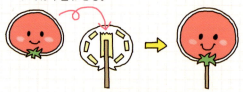

台・台付き草

牛乳パックを図のように切り、油粘土を入れる。

〈台〉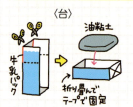

〈台付き草〉

おばけ

1

台にナス、トマト、スイカの表面を立てる

保育者「ナスくん、トマトちゃん、スイカくんが集まっておばけ大会をすることにしました」

演技のPOINT　演じ手から見て右側（下手）から台付き草とおばけ用の台3個を並べます。草の後ろにはおばけを隠します。

2

ナスを持つ

ナス「じゃあ、ぼくが化けるよ。♪バケバケ　おばけ　ナスの　おばけ　ドロン　パァ」

『バケバケドロンパッの歌』（P.42）の1番に合わせてナスを自由に動かし、「パァ」で裏面にする。

保育者「わぁ、すごくこわそう!!　みんなもキャーッて言ってね」

子どもたちに声をかける

③ 保育者 「こわかったねーっ！」

ナスを表面にして元の台に立てて、トマトを持つ

トマト 「次はわたしよ。♪バケバケ おばけ トマトの おばけ ドロン パァ」

歌に合わせてトマトを動かし、「パァ」で裏面にする

保育者 「ひゃーっ！ こわーい！」

④ トマトを表面にして元の台に立てて、スイカを持ち同様に進める

スイカ 「次はぼくだよ。♪バケバケ おばけ スイカの おばけ ドロン パァ」

「パァ」で裏面にする

保育者 「きゃー！ こわい顔！」

⑤ 保育者 「『ふぅ〜、すごい迫力だったね…』とみんなが言っていると草の陰から何か出てきました」

おばけを草むらの後ろから出す

おばけ 「おれさまが本物のおばけだ！ よーし、おどかしてやれ。ドロロロ ロロ〜ン」

おばけをみんなによく見せる

夏 やさいのおばけ大会

6 少し間を置いて

おばけ「あれ、だれもこわがらないぞ。えーい、これならどうだ。ドロロロ ロロ〜ン」

おばけを全部伸ばす

保育者「すると野菜たちは…」
ナス「すご〜い、かっこいい！」
トマト「トウモロコシくん、さすが！」
スイカ「違うよ、ジャガイモくんだってば！」
保育者「パチパチ　パチパチ。みんな大拍手」

子どもたちにも拍手を促す

おばけ「ウェーン。だれもこわがらなーい！」

おばけを草むらに戻す

保育者「おばけは泣きながら帰っていってしまいましたよ」
保育者「楽しかったね。すごかったね。と、みんなの拍手はまだ続いています。おしまい」

バケバケドロンパッの歌　作詞・作曲／阿部直美

夏 シアター 9

ペープサート

やさいのおばけ大会 バリエーション
やさいのぼうし

P.40〜「やさいのおばけ大会」の野菜のペープサートを使って当てっこ遊び。2歳児から遊べます！

案／阿部直美・製作／くるみれな

用意する物＆作り方 スイカ・トマト・トウモロコシのペープサート（P.40参照）、それぞれの帽子（帽子は厚紙で作り、切り込みを入れ、野菜のペープサートにかぶせる。型紙はP.111）

1
保育者「夏は暑いので…外に出かけるときは、どうしたらいいのかな？　そう、帽子をかぶるのよね」
帽子をかぶったスイカを出して
保育者「そこで野菜たちも帽子をかぶりました。でも…」
『やさいのぼうしの歌』の1番をうたう
保育者「♪やさいがぼうしを　かぶったら
　　　　だれがだれだか　わかりません」

巾冒子をかぶりました

2
保育者「みんなはわかるかな？」
子どもたちに問いかけて、帽子を取って見せる
保育者「しましま模様。…そう、スイカくんでした！」

スイカくんでした！

3
トマトに帽子をかぶせ同様に進める
保育者「ヒントです。わたしの名前は上から読んでも、下から読んでも同じ。まっかな顔の野菜です」
保育者「大当たり！トマトちゃんでした！　おしまい」
ほかのペープサートも同様に遊ぶ

トマトちゃんでした！
おしまい

アレンジ
お誕生会アレンジ
誕生児の好きな野菜で演じてみましょう。誕生児が演じてクイズを出しても楽しいですね。

やさいのぼうしの歌　作詞・作曲／阿部直美

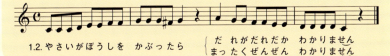

1.2. やさいがぼうしを　かぶったら
｛だれがだれだか　わかりません
　まったくぜんぜん　わかりません

夏 シアター10

色水シアター
マジカルジュース屋さん

職員劇　科学マジック

Mちゃん、Iちゃん、Tくんの3人が登場。「まじかるまじかる〜」の呪文で、おいしいジュースが次々とでき上がります。

案・製作／竹井　史

用意する物

粉糖のみ、赤、青、黄の透明コップ
ペットボトルに入れた水
スプーン

- ☐ 透明コップ8個
- ☐ 水
- ☐ ペットボトル
- ☐ 食紅
- ☐ 粉糖（粉砂糖）
- ☐ スプーン

作り方

透明コップに粉糖と少量の食紅を入れて混ぜる。

粉糖のみの物と、粉糖に赤・青・黄の食紅を入れた物を作る。何色の色水になるか演じ手だけにわかるように印を付けておく。

1　透明コップ（粉糖のみ、赤・青・黄の4個）と水を机に用意しておく

Iちゃん登場

Iちゃん「あーのどが渇いたー」

Mちゃん登場

Mちゃん「あ、Iちゃん。暑いねージュース飲む？」

Iちゃん「うん、飲む飲む、飲みたーい。パインジュースがいいなあ」

Mちゃん「じゃあ作ってあげるよ」

Mちゃん、粉糖のみの透明コップに水を入れてかき混ぜる

Iちゃん「あれ〜パインジュースじゃない…」

演技のPOINT　粉糖のみの物は水を入れてかき混ぜると白く濁ります。

Mちゃん　「どうしてかな〜あ、わかった！
　　　　　　　おまじない忘れてた」
　Iちゃん　「じゃあ、パインジュース作って」
　Mちゃん　「わかった！」
黄色の食紅が入った透明コップに水を入れかき混ぜながら呪文を唱える
　Mちゃん　「まじかるまじかる〜
　　　　　　　お水よ、パインジュースになれ〜」
　Iちゃん　「わぁ、パインジュースだぁ」

夏　マジカルジュース屋さん

　Mちゃん　「もっとほかに飲みたいジュースある？」
　Iちゃん　「うん、イチゴジュース」
同様に赤の食紅を入れた透明コップに水を入れてかき混ぜて
　Mちゃん　「まじかるまじかる〜
　　　　　　　お水よ、イチゴジュースになれ〜」
　Iちゃん　「わぁ、ほんとうにイチゴジュースができたー」

　Mちゃん　「おまけにブルーハワイも作っちゃお！」
　Iちゃん　「やったー」
同様に青色の食紅の入った透明コップに水を入れてかき混ぜて
　Mちゃん　「まじかるまじかる〜
　　　　　　　お水よ、ブルーハワイになれ〜」

4 Tくんが登場して

- **Tくん**「何してるの？」
- **Iちゃん**「ジュースを作ってもらっているの」
- **Tくん**「ぼくも飲みたい！ ぼくもおまじないでジュースを作ろうっと」

Tくん、赤・青・黄の色水を別の透明コップに一度に入れてかき混ぜながら違う呪文を唱える

- **Tくん**「いろいろなジュースを混ぜると、超おいしいジュースができるかも！ミラクルミラクル〜おいしいジュースになれ〜」
- **Mちゃん Iちゃん**「あーあ、変な色のジュースになっちゃったね」

5

- **Mちゃん**「Tくんはどんなジュースが飲みたかったの？」
- **Tくん**「オレンジジュース」
- **Mちゃん**「じゃあ、オレンジジュース作ってあげるね」

赤と黄の色水を透明コップに入れて混ぜながら

- **Mちゃん**「まじかるまじかる〜オレンジジュースになれ〜」
- **Tくん**「わあ、オレンジジュースだー！ ありがとう」

Iちゃん　「いいなぁ。わたしもグレープジュースが飲みたくなってきちゃった」

Mちゃん　「いいよ、作ってあげる」

赤と青の色水を透明コップに入れて混ぜながら

Mちゃん　「まじかるまじかる～グレープジュースになれ～」

Iちゃん　「グレープジュースだ、うれしい」

Mちゃん　「じゃあわたしもメロンジュースを作ろう」

青と黄の色水を透明コップに入れて混ぜながら

Mちゃん　「まじかるまじかる～メロンジュースになれ～」

Tくん　「わーできた！」

グレープジュース

メロンジュース

夏　マジカルジュース屋さん

みんなでいただきま～す

おしまい

Mちゃん　「おいしそうなジュースがいっぱいできたね」

Mちゃん　**Iちゃん**　**Tくん**

「みんなでいただきまーす」

アレンジ

お誕生会アレンジ

7つの透明コップに、それぞれ赤、青、黄、赤＋青（紫）、赤＋黄（オレンジ）、青＋黄（緑）、赤＋青＋黄（黒っぽい色）の食紅と粉糖を入れてかき混ぜます（何色の色水になるか演じ手だけにわかるように印を付けておく）。7色の色紙で作った色カードを用意して「魔法の粉を持って来たよ、白い粉なのに水を入れると…」と演じます。何色の水を作ってほしいか誕生児に色カードで選んでもらい、その色水を作ってみましょう。

0・1・2歳児アレンジ

粉糖の中に食紅を少し入れて、7色の色水の元を作っておきます。子どもたちの飲みたいジュースを聞いて作ってみせましょう。
「みんなの大好きなオレンジジュースのでき上がり！」

オレンジ！

夏 シアター 11

パタパタシアター

低年齢児

どんどんのびる木

紙をパタパタ折るだけのカンタンシアター。天まで届きそうな木に子どもたちもワクワクします。

案・製作／藤本ともひこ

用意する物

のびる木のパタパタシアター

- ☐ 全芯ソフト色えんぴつなどの色彩具
- ☐ ハサミ
- ☐ のり

作り方

❶ P.112の型紙を拡大コピーし、着色する。

❷ 図のようにはり合わせる。

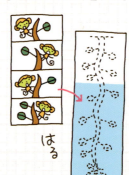

❸ 図のように4回谷折りに折ってでき上がり。

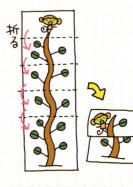

1

のびる木シアターを見せて

保育者「サルくんがいました。木登りをしています」

2

サル	「もっと高く登りたいなー」
保育者	「すると、木が言いました」
のびる木	「いいよ」

のびる木をめくって

保育者「木が伸びました」

3

保育者	「サルくんがまた言いました」
サル	「もっともっと高く登りたいなー」
保育者	「すると、また木が言いました」
のびる木	「いいよ」

夏 どんどんのびる木

もっともっと高く登りたいなー

もっと もっと もーっと

のびる木をめくって
保育者　「木はまた伸びました」

また伸びた！

木はまた伸びました

4

以下同様に続ける

保育者	「サルくんがまたまたまた言いました」
サル	「もっともっともっともーっと高く登りたいなー」
保育者	「すると、木がいいよと言って」

のびる木をめくって

保育者	「木はまた伸びました」
サル	「わーい！　てっぺんだ！」
保育者	「サルくん、木のてっぺんまで登ったね！」

もーっと高く登りたいなー

わーい てっぺんだ

おしまい

アレンジ

お誕生会アレンジ

サルくんがプレゼントを探す旅に出かけるストーリーにして演じてみましょう。てっぺんの絵を誕生児のほしいプレゼントを持ったサルくんに変えるといいですね。

手袋シアター

びっクリ！ ひろい

シアター 12

今日はクリ山公園にクリ拾いにやって来ました。みんなたくさんクリを見つけられるかな？

案・製作／kit-chen（小沢かづと、iku、鈴木翼）

用意する物

キツネ、ウサギ、タヌキの手袋
草むら（クリ）の絵

- ☐ 手袋
- ☐ 色画用紙
- ☐ フェルト
- ☐ 目玉
- ☐ ハサミ
- ☐ 両面テープ
- ☐ 木工用接着剤
- ☐ 全芯ソフト色えんぴつなどの色彩具

作り方

手袋

❶ 手袋に木工用接着剤でパーツを付ける。

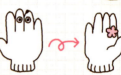

草むらの絵

❷ 色画用紙を図のように折って絵を描き、両面テープで留める。

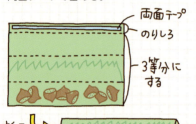

---

1 右手にキツネの手袋をはめておく
草むらの面を向けて出しておく

保育者「今日はみんなでクリ山公園にクリを探しに来たんだけど、なかなか見つからないんだよね。みんな見つけたかしら？」

2 キツネの手袋を出す
キツネ「先生〜！　クリ見つけたよ〜」
保育者「あら、すごい！　どこどこ？」

演技のPOINT 動物の顔が見えるように手の角度を少し下向きにしましょう。

③ キツネの手袋をしゃっくりしているように小刻みに動かす

- キツネ 「ひっく！ ひっく！ ひっく！ ひっく！」
- 保育者 「キツネくん、急にどうしたの？」
- キツネ 「えへへ～。しゃっクリ！！ なんちゃって～」
- 保育者 「なにそれ～。 キツネくん、おもしろいクリ見つけたのね」

キツネの手袋を下げながら

- キツネ 「また、クリ見つけてくるね～」

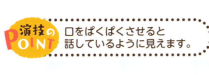
演技のPOINT 口をぱくぱくさせると話しているように見えます。

秋 びっクリ！ひろい

④
- 保育者 「ほかにクリを見つけた子はいないのかしら？」

右手にウサギの手袋をはめて出す

- ウサギ 「先生～！ クリ見つけたよ～」
- 保育者 「ウサギちゃん、どんなクリを見つけたの？」

右手を握りこぶしにして、甲側を前に見せる

- ウサギ 「くるん！ 見てみて、ほら、クリ」
- 保育者 「ウサギちゃん、言いにくいけど…。クリって茶色だし…そんなに…」
- ウサギ 「違うよ～。よく見て！ 白くってまんまるおにぎりに…そっクリ！ でしょ」
- 保育者 「そっちのクリなの～。うん、おいしそうね…」

51

5 ゆっくりとウサギの口をパクパクさせながら

ウサギ　「せぇ〜ん〜せぇ〜い〜もぉ〜クぅ〜リぃ〜さぁ〜がぁ〜しぃ〜てぇ〜」

保育者　「何！？　どうしたの？　ウサギちゃん」

ウサギ　「ゆっクリ！　なんちゃって」

ウサギの手袋を下げながら

ウサギ　「じゃあ、また探してくる〜ぴょん！」

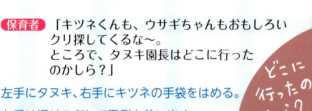

6 **保育者**　「キツネくんも、ウサギちゃんもおもしろいクリ探してくるな〜。
ところで、タヌキ園長はどこに行ったのかしら？」

左手にタヌキ、右手にキツネの手袋をはめる。
左手は握りこぶしで甲側を前に出す

7　**キツネ**　「先生〜！　見てみて、大きなクリ見つけたよ〜」

保育者　「あら、ほんとうだ！　すごく大きなクリね。キツネくんすごい！」

キツネが食べているように口をパクパクさせて

キツネ　「ぱくっ！　ぱくっ！
ぱくっ！　ぱくっ！」

保育者　「こらこら。キツネくん。
そのままじゃ食べられないのよ」

キツネ　「ぱっクリ！　なんちゃって〜」

保育者　「まったく、キツネくんたら…」

⑧ タヌキの手袋を小刻みに揺らしながら
タヌキ「ん～　ん～　ん～」

タヌキの手袋を正面に向け、口をパクパクさせながら
タヌキ「ばっ！！！　痛いじゃないですか！
何をするんです～。
わたくしはただ、クリを拾っていただけなのに～！！」

キツネの手袋を開きながら、保育者も驚いた感じで
保育者 **キツネ**「うわっ！　タヌキ園長！
あ～びっクリ！なんちゃって」

タヌキ「帰ったら、わたくしが見つけたクリをみんなで食べましょう」

草むらの絵を後ろに倒して、クリの絵を見せながら
タヌキ「こんなにたくさん！
あ～びっクリ！」

アレンジ

お誕生会アレンジ

草むらが描いてある台に、ケーキの絵やお祝いのメッセージを書いておきます。それを動物たちの「何か落ちているよ」という言葉をきっかけに誕生児に見せてお祝いしてあげましょう。

0・1・2歳児アレンジ

右手にキツネくんをはめて、左手には食べ物に見たてたいろいろな動物の手袋をはめます（例：ウサギは白いおまんじゅう、タコはイチゴ　など）キツネくんが食べた物は実は生き物でした！　というストーリーで進めていきます。動物の鳴き声などのヒントを出して、当てっこ遊びを楽しみましょう。

秋 シアター13

ペープサート

サル・カニバースデイ

お誕生会　昔話

昔話の『サルカニ合戦』をモチーフにした、お誕生会にピッタリの心温まる出し物です。

案／阿部直美・製作／くるみれな

用意する物

サル、カニ、種、ふたば、カキの木、カキの実5つ（裏におめでとうの文字）、カゴのペープサート
台付きの草（A、B、Cの3個）、リボン

- □ 割りばしまたはペープサート用竹ぐし
- □ 色彩具
- □ スティックのり
- □ 丸シール
- □ 段ボール板
- □ リボン
- □ クラフトテープ
- □ 油粘土
- □ 両面テープ
- □ 色画用紙
- □ モール
- □ クリップ
- □ 牛乳パック
- □ 封筒

作り方

カニ・サル	種	ふたば	リボン
P.112.113の型紙を拡大コピーし着色する			
カキの木	カキの実	草	かご

1

机の上に草（A・B・C）を用意し、カニと種を登場させる
カニが種を埋めるしぐさをする

保育者「カニがこんなにきれいな魔法のカキの種を見つけて…地面に種を埋めていると」

土地面に種を埋めていると…

おいらがひとりじめだ　うっしっし

A　B　C

2

カニを草A、タネを草Bに立て、サルを出す

保育者「サルがやって来ました」
サル「カニどん、何しているんだい？」
カニ「おや、サルどん…今、魔法のカキの種を埋めていたところだよ」
サル「ほう、そりゃすごい！」
保育者「サルは心の中で『カニどんは木に登れないから、実がなったらおいらがひとりじめだ』と思いました」

サルを草Cに立てて、カニを右手に持ちP.56の『わかるカニの歌』をうたう

(保育者)「カニは『♪ふたばを　だせだせ　わかるカニださぬと　ハサミで　ちょんぎるぞ』と歌いました」

種を抜いてふたばを出して草Bに立てる

(保育者)「するとカニの言葉がわかったのか、あっという間にふたばが出ました！」

(保育者)「カニは『♪おおきく　なれなれ　わかるカニ　ならぬと　ハサミで　ちょんぎるぞ』と歌いました」

カニを草A、サルを草Cに立て、ふたばを抜いて、カキの木を草Bに立てる

(保育者)「するとカニの言葉にびっくりしたのか、こーんな大きなカキの木になりました」

カキの実の表面を木につるしながら

(保育者)「それだけではありません。あっという間にみどりの実を付けましたよ」

(保育者)「サルが『しめしめ。もうすぐおいらがひとりじめ…』と思ったそのときです」

演技のPOINT　裏返したときに「おめでとう」となるように、カキの実をクリップで挟みます。

秋　サル・カニバースデイ

6

保育者　「カニは『♪あかーく　なれなれ　わかるカニ
　　　　　ならぬと　ハサミで　ちょんぎるぞ』と歌いました」

カキの実の表面を裏返しながら歌う

保育者　「なんとまぁ！　カキは赤くなりました。おや、カキに字が書いてあります。サルが読んでみました」

サル　　「お…め…で…と…う…？　カニどん、おめでとうって…何かめでたいことでもあったのかい？」

カキを木ごとプレゼント☆

7

カニ　　「今日はサルどんのお誕生日だよ。忘れたの？　それで早く早く…と思って。間に合ってよかったよ。サルどんの好きなカキを木ごとプレゼントするよ」

リボンを木にはる

保育者　「と、リボンを木に掛けてくれました」

8

保育者　「これを聞いて、サルは自分のことが恥ずかしくなってしまいました。『カニどんありがとう』と言うと、すばやく木に登って、実をカゴいっぱい取ってきました」

カゴにカキの実を入れ、草Bに立てる

保育者　「そして『ふたりで食べよう！』と言いました。『ワーイ！　うれしいな』カニも大喜び」

保育者　「すてきなお誕生日になりましたとさ。おしまい」

すてきなお誕生日になりましたとさ

おしまい！

アレンジ

もうひとつ＋アレンジ

ストーリーや木になる実、その裏側の文字などを変えると、誕生会以外にも「入園・進級」「お別れ会」などで使えます。工夫してみてくださいね！

わかるカニの歌　作詞・作曲／阿部直美

1. ふたばをだせだせ　わかるカニ　　ださぬとハサミで　ちょんぎるぞ
2. おおきくなれなれ　わかるカニ　　ならぬとハサミで　ちょんぎるぞ
3. あかーくなれなれ　わかるカニ　　ならぬとハサミで　ちょんぎるぞ

サル・カニバースデイ バリエーション
サル・カニいもほり

ペープサート　低年齢児　イモ掘り

シアター **14**

P.54～「サル・カニバースデイ」のペープサートを使って、イモ掘り遠足の前後に最適な出し物です。

案／阿部直美・製作／くるみれな

用意する物＆作り方　サル、カニのペープサート、台付きの草（P.54参照）、モグラ4匹（P.113の型紙を拡大コピーして着色する）、イモ（色画用紙をイモの形にする。クラフト紙で作ったツルにモグラを付ける）

1
草をB・A・Cの順に机に置き、草Bにイモをかくしておくカニをカニを登場させる

- **保育者**「カニがイモ畑にやって来ましたよ」
- **カニ**「よーしがんばって抜くぞ！」

歌いながら、カニがイモを抜くしぐさをする

- **カニ**「♪よういは いいカニ ウントコショ ドッコイショ ウントコショ ヘホヘホヘホー 抜けないなぁ。そうだ！ サルどんに手伝ってもらおう。サルどーん」

ウントコショ ドッコイショ

抜けないなぁ…

2
同様にカニとサルでイモを抜くしぐさをする

抜けないので子どもたちに手伝ってくれるようお願いする

- **カニ　サル**「○○組のみんなに手伝ってもらおう！それではみんなでー！」
- **カニ　サル**「♪よういは いいカニ ウントコショ ドッコイショ（自由に繰り返す）ズズズズズッポーン！」

○○組のみんな手伝ってー！

3
抜いたイモとモグラを見せる

- **カニ**「うわぁ、モグラさんがたくさん…地面の中で引っ張ってたから抜けなかったんだ。びっくり！」
- **保育者**「カニどんとサルどんとモグラどんで焼きイモパーティーしたんだって。よかったね」

ズズズズズッポーン！

よういはいいカニの歌　作詞・作曲／阿部直美

秋 シアター15

紙皿シアター

かわむいてかわむいて

♪かーわむいてかわむいてー。おいしい秋の味覚をみんなで味わいましょう。

案・製作／kit-chen（小沢かづと、iku、鈴木翼）

用意する物

カキ（実・カット）、リンゴ（実・カット）、ブドウ（実・皮と種）、クリ（イガ・ハリネズミ・実）の紙皿シアター

- ☐ 紙皿9枚
- ☐ 全芯ソフト色えんぴつなどの色彩具
- ☐ ハサミ

作り方

❶ P.114の型紙を拡大コピーして着色し、紙皿にはり、中心まで切り込みを入れる。

❷ 同じ種類の絵柄の紙皿を切り込みが合わさるように重ねる。1枚目の下部分を切り込みから裏に引き込んで回していく。

※実際に作ってみるとよくわかります。3枚重ねるのも、同じ要領です。

1

カキの紙皿を出す

保育者「おいしそうなカキがあるね。このままじゃ食べられないから、むいて食べようかな。食べたい人〜？」

子どもたちの反応を待って

保育者「じゃあ、むいてみましょう！」

『きらきら星（フランス民謡）』のメロディーで歌って紙皿を回していく

保育者「♪かーわむいてかわむいてーおいしいカーキをたべましょう」

保育者「わあ！ きれいにむけました！では、いただきまーす」

子どもたちに差し出し、みんなで食べるまねをする

2

リンゴの紙皿を出す

保育者「リンゴもおいしそうだね。でも、このままじゃ食べられないからまたむいて食べましょう。食べたい人〜？」

子どもたちの反応を待って

保育者「じゃあ、むいてみましょう！」

歌いながら紙皿を回していく

保育者「♪かーわむいてかわむいてーおいしいリンゴをたべましょう」

保育者「きれいにむけました。食べやすくカットしておきましたのでどうぞ」

3 ブドウの紙皿を出す

保育者「今度はブドウです。でも、このままじゃ食べられないからまたむいて食べましょう。食べたい人～？」

子どもたちの反応を待って

保育者「じゃあ、むいてみましょう！」

歌いながら紙皿を回していく

保育者「♪かーわむいてかわむいてーおいしいブドウをたべましょう」

保育者「あれ？ あれ？ 皮と種だけでした。これじゃ食べられないね。種は植えておきましょう。ぱっぱっぱっ」

種をまくまねをする

秋 かわむいてかわむいて

4 クリの紙皿を出す

保育者「これはイガグリ。このトゲトゲの中においしいクリがあるはず。食べたい人～？」

子どもたちの反応を待って

保育者「じゃあ、むいてみましょう！ トゲトゲに気をつけてね」

歌に合わせて紙皿を回していく

保育者「♪かーわむいてかわむいてーおいしいク～リをたべましょう」

保育者「あれ？ クリだと思ったら、ハリネズミくんだったの？ ハリネズミくんは食べられないね」

5 重ねてあったもう1枚を回す

保育者「やっぱり本物のクリがいちばん。みんなでいただきまーす！」

子どもたちと食べるまねをする

アレンジ

お誕生会アレンジ

2枚目の紙皿の絵を果物にろうそくがささった絵にします。「ろうそく立てておめでとう！」と言いながら、ろうそくがいろいろな絵にささっているのを見てお祝いしましょう。

0・1・2歳児アレンジ

リンゴやスイカなど低年齢児もわかりやすい果物の絵を1枚目に描きます。2枚目にはその果物が半分になった絵を用意します。歌は「はんぶんこ～はんぶんこ～おいしいりんごをはんぶんこ～」と替え歌にして歌ってみましょう。

秋 シアター16

パタパタシアター

ごちそうさまでした。にこっ

いろいろな食べ物をぱっくん、ぺろりと食べていくと…最後は乗り物を食べちゃう生き物が登場します！

案・製作／藤本ともひこ

用意する物

回転パタパタシアター
- □ 全芯ソフト色えんぴつなどの色彩具
- □ ハサミ　□ スティックのり
- □ 色画用紙など（表紙用）

作り方

❶ P.115.116の型紙を拡大コピーして、着色し、順番にはり合わせる。

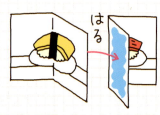

❷ 色画用紙などで作った表紙でくるんででき上がり。

 1

回転ずしのパタパタシアターを持って

保育者「今日はみんなで回転ずしを食べよう！みんなの好きなおすしは何かな？」

子どもたちの反応を受けて

保育者「みんなの好きなおすしが出てくるといいね。さあ、おなかいっぱい食べちゃおう！」

保育者「（1枚目を見せる）♪いただきます　ぱっくん」

保育者「（2枚目を見せる）♪いただきます　ぱっくん」

保育者「（3枚目を見せる）♪いただきます　ぱっくん」

② 保育者「♪ごちそうさまでした（4枚目を見せる）にこっ」

秋　ごちそうさまでした。にこっ

次は回転くだもの屋さん

③ 回転くだもの屋さんのパタパタシアターを持って
保育者「次は回転くだもの屋さん。みんなの好きな果物は何？」
子どもたちの反応を受けて
保育者「よし、それじゃ、果物いってみよー！」

④ 保育者「(1枚目を見せる)♪いただきます ぺろり」
保育者「(2枚目を見せる)♪いただきます ぺろり」
保育者「(3枚目を見せる)♪いただきます ぺろり」

⑤ 保育者「♪ごちそうさまでした（4枚目を見せる）うほっ」
保育者「ゴリラくんが ぺろりと食べちゃった！おいしそうだったね」

だれが食べると思う？

回転のりもの屋さんのパタパタシアターを持って
保育者 「最後は回転のりもの屋さん。さあ、乗り物を食べちゃうよ。だれが食べると思う？」

それじゃあ 乗り物 いってみよーう!

子どもたちの反応を受けて
保育者 「それじゃあ、乗り物いってみよーう！」

♪いただきます

保育者 「(1枚目を見せる)
♪いただきます がぶり」
保育者 「(2枚目を見せる)
♪いただきます がぶり」

がぶり

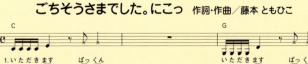
ごちそうさまでした。にこっ　作詞・作曲／藤本ともひこ

1.いただきます　ぱっくん
2.いただきます　ぺろり
3.いただきます　がぶり

いただきます　ぱっくん
いただきます　ぺろり
いただきます　がぶり

ごちそうさまでした　にこっ
ごちそうさまでした　うほっ
ごちそうさまでした　ガオー！

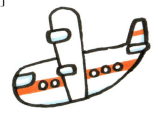

⑨ 保育者「(3枚目を見せる)
♪いただきます がぶり」

⑩ 保育者「♪ごちそうさまでした
(4枚目を見せる)
ガォー!」
保育者「かいじゅうでした!」

保育者「またのご来店を お待ちしています」

秋 ごちそうさまでした。にこっ

アレンジ

お誕生会アレンジ
最後に登場する人物を誕生児にしてみましょう。食べ物や乗り物も誕生児が好きな物にして演じてみるといいですね!

もうひとつ+アレンジ
すべて横一列につなげて、パノラマシアターで演じてみても子どもたちは大喜び。しりとりバージョンを作っても楽しめます。

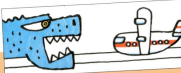

シアター 17

ペープサート

動物

なわとびてぶくろ

寒い冬のある日。穴のあいた手袋を2匹のネズミくんが見つけましたよ。

案／阿部直美・製作／くるみれな

用意する物

ミトンのひも付き手袋、山のネズミ、野原のネズミのペープサート 台付きの雪2個

- □ 割りばしまたはペープサート用竹ぐし
- □ 全芯ソフト色えんぴつなどの色彩具
- □ 両面テープ □ セロハンテープ
- □ ハサミ □ 色画用紙 □ 毛糸
- □ 牛乳パック □ 油粘土

作り方

ペープサート

❶ P.116.117の型紙を拡大コピーし、着色して切る。

❷ 竹ぐしをセロハンテープで裏から留め、手袋の裏に三つ編みにした毛糸を付ける。

雪の台

牛乳パックを図のように切り、箱を形作る。油粘土を入れ、画用紙で作った雪をはる。

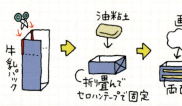

---

1 手袋を台に立てておく
保育者「寒い寒い冬のある日。雪の中に穴のあいた手袋が落ちていました」

手袋が落ちていました

あれ、これはなんだ

2
保育者「そこに山のネズミがやって来て」
山のネズミを出す

あったかいでチュウ～

3
山のネズミ「さむーいでチュウ～。あれ、これはなんだ。わかった。窓があるから…おうちだね！入ってみよう　チュウ～」

山のネズミを、手袋の穴から顔が出るように手袋の後方に立てる

山のネズミ「わぁい。あったかいでチュウ～」

4

保育者　「しばらくすると、今度は野原のネズミがやって来て」

野原のネズミを出す

野原のネズミ　「さむーいでチュウ〜。あれ、これはなんだ。
わかった。窓があるから…おうちだね！入ってみよう　チュウ〜」

山のネズミと同じように手袋の後方に立てる

野原のネズミ　「わぁい。あったかいでチュウ〜。
…でも、友達がいないと寂しいなぁ。あれれ、このひもはなんだ…？
ちょっと引っ張ってみようかな」

あれ、これはなんだ

ちょっと引っ張ってみようかな

冬　なわとびてぶくろ

5

♪つんつんつんつん

返事が返ってきました

P.66『つん つん ともだちの歌』の1番をうたう

「つんつんつんつん」でひもを軽く引っ張る

野原のネズミ　「♪ともだち　ともだち　いるかな
つんつんつんつん　チュウチュウ
いっしょにあそびましょう」

保育者　「と、野原のネズミが歌うと」

同様に『つん つん ともだちの歌』の1番をうたう

山のネズミ　「♪ともだち　ともだち　いるかな
つんつんつんつん　チュウチュウ
いっしょにあそびましょう」

保育者　「と、返事が返ってきました」

6

山のネズミ　「わぁい！
おうちも友達もできたでチュウ〜」

野原のネズミ　「うれしいでチュウ〜」

保育者　「と、2匹のネズミは飛び出してきました」

2匹のペープサートを取り出す

うれしいでチュウ〜

7 保育者「『何して遊ぼうか』と言っていると…」
野原のネズミを台に立てて、ひもを持つ
保育者「風がヒューッと吹いてきて、手袋のひもがユランユラン」

♪ とんとん とんとん

演技のPOINT 野原のネズミも縄跳びを跳んでいるように動かしてみましょう。

8 山のネズミ「縄跳びができるよ！」
『つん つん ともだちの歌』の2番をうたう
「とんとんとんとん」でひもを前後に揺らし、山のネズミが跳んでいるように動かす
山のネズミ「♪なわとび なわとび たのしいな とんとん とんとん チュウチュウ いっしょにあそびましょう」

9 保育者「手袋のおうちはあったかくて、縄跳びもできるすてきなおうち！
2匹はいつまでも楽しく遊びましたよ」

つん つん ともだちの歌　作詞・作曲／阿部直美

アレンジ

お誕生会アレンジ

ネズミを誕生児にして、演じてみましょう。もう一方の登場人物は、誕生児のリクエストにこたえて工夫してみましょう。

冬 シアター 18

ペープサート　クイズ
なわとびてぶくろ バリエーション
ホラホラみえたゲーム

P.64 〜「なわとびてぶくろ」のペープサートを使ってできる！　穴のあいた手袋の後ろを通った物は何かな？

案／阿部直美・製作／くるみれな

用意する物＆作り方　手袋のペープサート、台付きの雪2個（P.64 参照）
ほうき・凧・ダイコンの絵カード（P.117の型紙を拡大コピーして着色する）

1
手袋を2枚合わせて台に立てておく
保育者「手袋の後ろを何かが通ります。ヒントは大掃除に使う物です。よーく見て当ててね」

ほうきの絵カードを手袋の裏に当て、『ホラホラ みえたの歌』をうたいながら、ゆっくりと絵カードを動かす
保育者「♪ホラホラ　みえた　なにが　なにが　なにが　みえた」

手袋の後ろを何かが通ります

♪なにが みえた

2
子どもたちの答えを待つ
絵カードを全部抜き取って、子どもに見せる
保育者「大当たり！　ほうきでした」
ほかの絵カード（凧・ダイコン）も同様にして遊ぶ

ほうき でした！

アレンジ

0・1・2歳児アレンジ

電車、ヘビなどの横長の物をクイズにしましょう。手袋の破れ目を大きくして、隠れている物がよく見えるようにしても！

ホラホラ みえたの歌　作詞・作曲／阿部直美

シアター 19

クリスマス **クイズ**

紙シアター

サンタさんのひみつ

サンタさんと仲よしのトナカイさんが、サンタさんの秘密をこっそり教えてくれます。

案・製作／kit-chen（小沢かづと、iku、鈴木翼）

用意する物

トナカイの絵、丸、水、石、帽子の絵、靴下の絵4枚（それぞれ、ドーナツ、ジュース、指輪、サンタの絵を入れておく）、魔法の薬の絵

- □ 全芯ソフト色えんぴつなどの色彩具
- □ ハサミ
- □ 画用紙

作り方

トナカイなど
P.118.119の型紙を拡大コピーして着色し、画用紙にはる。

靴下
❶ 型紙を拡大コピーして着色し、図のように画用紙にはる。

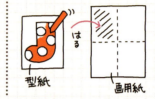

❷ 1/4に折ってできた奥の袋にドーナツなどの絵を入れておく。

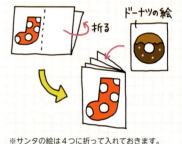

※サンタの絵は4つに折って入れておきます。

---

1 トナカイを出して

トナカイ「よいしょよいしょ。やあ皆さんこんにちは。ぼくはトナカイ。今日はみんなにサンタさんの秘密を少しだけ教えてあげようと思います。みんな知りたい？」

演技のPOINT 靴下の順番が演じ手にわかるように印を付けておくなど工夫しましょう！

こんにちは　ぼくはトナカイ

不思議なことが　起こるんです

2 子どもたちの反応を待ってひとつ目の靴下を出す

トナカイ「じゃあ、この靴下。実はここにいろいろな物を入れると不思議なことが起こるんです」

演技のPOINT トナカイはふたつ折りにして、机に立たせることができます。

靴下の手前の袋に丸の絵を入れる
トナカイ 「まずは、この丸を入れて」

魔法の薬の絵を振り掛けるしぐさをしながら
トナカイ 「この魔法の薬を振り掛けると」

演技のPOINT 演じ手から見て手前の袋に丸の絵を入れます。奥にドーナツの絵が入っています。

冬 サンタさんのひみつ

 靴下を逆さにして、もう一方のポケットに事前に入れておいたドーナツの絵を落として見せる
トナカイ 「ジャーン なんとドーナツになりました。拍手〜！！」

 ふたつ目の靴下とお水を出して
トナカイ 「次の靴下いってみよう！ そしてこれは何でしょう？ そう、お水です」

⑥ **トナカイ**「お水を入れて」
靴下の手前の袋に水の入ったコップの絵を入れる
トナカイ「クイズ！
何に変わるでしょうか？」
子どもたちの反応を待って
トナカイ「それでは薬を振り掛けます」
魔法の薬の絵を振り掛けるしぐさをする

お水を入れて

⑦ 靴下を逆さにしてジュースの絵を落として見せる
トナカイ「ジャーン！ ジュースに変わりました！ ジュース好きな人〜？ みんなでかんぱーい！ ごくごくごく。あー、おいしかったね」

ジュースに変わりました！

最後の靴下です

石を入れて…

⑧ 3つ目の靴下と石を出して、同様に演じる
トナカイ「それでは最後の靴下です。これは、石です。石を入れて、魔法の薬を振り掛けると」
トナカイ「はい！ やってまいりました。クイズです。いったい何に変わるでしょうか？」

指輪になりました！

⑨ 靴下を逆さにして指輪の絵を落として見せる
トナカイ「なんと！ 指輪になりました！
すてきですね〜拍手」

70

トナカイ「おっと！ 失礼。まだ、もうひとつ靴下が残っていました」

4つ目の靴下を出して、帽子を入れる

トナカイ「最後にこの帽子を入れたら…」

もうひとつ靴下が残っていました

冬 サンタさんのひみつ

この帽子を入れたら…

靴下を逆さにしてサンタの紙を出しながら
トナカイ「何か出てきましたねーあれ？ あれれ？」

あれ？ あれれれ？

サンタさんが出てきました！
メリークリスマス

サンタの紙を広げて
トナカイ「なんとサンタさんが出てきました‼ そうだ、今日はクリスマス！ みんなメリークリスマス‼」

演技のPOINT サンタの絵を広げるときは、子どもたちの期待を高めるように広げましょう。

アレンジ

お誕生会アレンジ
靴下の絵をプレゼント箱の絵に変えます。中から、おもちゃやぬいぐるみなどプレゼントの絵が出てくるように演じてみましょう。

0・1・2歳児アレンジ
色のついていない絵カードを入れて魔法をかけると、色がついた物に変化して出てくる遊びをしてみましょう。例）輪郭だけのリンゴに魔法をかけると→まっかなリンゴに変わる

冬シアター 20

パネルシアター

お正月

ねねちゃんのお正月

こまを回したり、たこを揚げたり、羽根つきをしたり…。子どもたちと遊ぶ前に 演じてみてもいいですね。

案／ケロポンズ・製作／みさきゆい

用意する物

ねねちゃん、もち、こまちゃん、たこさん、はごちゃん、はねちゃん、いたくん、しょうくんの絵人形、パネル

- □ Pペーパー(不織布)
- □ パネル布
- □ えんぴつ　□ ポスターカラー
- □ のり　□ 毛糸
- □ 油性フェルトペン
- □ 木工用接着剤
- □ クラフトテープ
- □ 段ボール板2枚
- □ ハサミ

作り方

❶ P.119.120の型紙を拡大コピーし、不織布にえんぴつで描き写す。

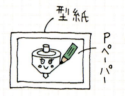

❷ ポスターカラーなどで着色し、油性フェルトペンで縁取りしてハサミで余白を切り落とす。

※こまちゃんは、厚口のPペーパーの表裏に絵を描いてはり合わせます。

ねねちゃん・しょうくん

顔が最前面、足が最背面になるように糸留めする。

たこさん

毛糸を木工用接着剤ではり付ける。

---

1 パネルに、ねねちゃんともちをはっておく

保育者「ねねちゃんはお正月から寝てばかり」
ねねちゃん「あー、退屈だなぁ。つまんないなぁ…」

ねねちゃんは
お正月から
寝てばかり

わたしを回して
みて

2 こまちゃんを出して、ねねちゃんを立たせ、もちを外す

こまちゃん「わたし、こまちゃん。わたしを回してみて」
ねねちゃん「え、回す？　どうやって？」
こまちゃん「こうやって…えい！」

③ こまちゃんの表・裏を数回見せる
こまちゃん 「回ったー! 楽しいね!」
ねねちゃん 「うん、すごいすごい!」

回ったー！
楽しいね！

冬 ねねちゃんのお正月

たこさんを出す
たこさん 「やぁ」
こまちゃん 「あ、たこさん」
たこさん 「外へ出て、わしを飛ばしてみんかね?」

④ わしを飛ばしてみんかね?

⑤
ねねちゃん 「外は寒いからやだ」
たこさん 「そんなことを言わずに。楽しいぞ」
保育者 「ねねちゃんたちは外に出ました」

外は寒いからやだ

ねねちゃんは
ひもの先を
持って

6 たこさん、こまちゃん、ねねちゃんを写真のように並べながら
- たこさん 「こまちゃんがわしを持ってな…」
- こまちゃん 「ねねちゃんはひもの先を持って」
- ねねちゃん 「こう？」
- たこさん 「そうじゃ！ さぁ、風がきたぞ！」

わぁ、
揚がった！
揚がった!!

たこさんを上に動かす
- ねねちゃん 「わぁ、揚がった！ 揚がった!!」
- たこさん 「おお、気持ちが良いのう。お、向こうからだれか来るぞ」

演技のPOINT 絵人形にかぶらないようにたこさんの上を持って揚げましょう。

わぁ、
いっしょに
遊ぼうよ

7 たこさんを下ろし、はごちゃん、はねちゃんを出して
- はごちゃん はねちゃん 「わぁ、いっしょに遊ぼうよ」
- ねねちゃん 「うん！ どうやって遊ぶの？」
- はごちゃん 「わたしを使ってはねちゃんを打つの」

う～ん…
なんかつまんない
なぁ

ねねちゃんの手にはごちゃんを持たせ、はねちゃんを飛ばしているように動かす
- ねねちゃん 「えいえい…う～ん…なんかつまんないなぁ」

8

そうだ！
いたくんといっしょに
遊べばいいんだね！

冬・ねねちゃんのお正月

しょうくんといたくんを出しながら

- **しょうくん**「おーい、何してんのー？」
- **ねねちゃん**「あ、しょうくん。明けましておめでとう」
- **しょうくん**「明けましておめでとう」
- **いたくん**「あ！ はごちゃんとはねちゃん」
- **はごちゃん**「いたくん！ そうだ！ いたくんといっしょに遊べばいいんだね！」

9

ねねちゃんとしょうくんが羽子板で遊んでいるようにはねちゃんを動かしながら

- **ねねちゃん　しょうくん**
「わぁ、楽しいね〜!!」
- **こまちゃん**
「お正月遊びって楽しいでしょ」
- **たこさん**
「外で遊ぶと体もホカホカだろう」
- **はごちゃん　いたくん**
「みんなで遊ぶと楽しいね」
- **保育者**
「よかったね、ねねちゃん」

みんなで遊ぶと楽しいね

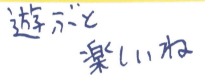

おしまい

アレンジ

お誕生会アレンジ

お誕生日のねねちゃんを、みんながお祝いにやって来るというお話もいいですね。最後に「おめでとう！」の文字を出して、みんなで盛大にお祝いしましょう。

0・1・2歳児アレンジ

こまちゃんを出して「これは何かな？…正解！ こまでした」とクイズ形式にして、お正月遊びを紹介してみましょう。その後に実際に製作したり、遊んだりしてもいいですね！

冬 シアター 21

ミニパネルシアター

お正月　クイズ

十二支あてっこ着ぐるみぬいだ

十二支の動物たちが登場。あれれ？　でも着ぐるみを着ているみたいでだれがだれだかわからない。

案／ケロポンズ・製作／菊地清美

用意する物

十二支の絵人形、十二支の着ぐるみ（顔の部分だけ切り抜いた物）、ミニパネル

- □ Pペーパー（不織布）
- □ パネル布
- □ えんぴつ
- □ ポスターカラー
- □ 油性フェルトペン
- □ ハサミ
- □ 段ボール板2枚
- □ クラフトテープ

※ミニパネルは段ボール板を適当な大きさにつなぎ合わせ、上からパネル布をはって、作りましょう。
ここでは、B3サイズのミニパネルを使用しています。

作り方

❶ P.120〜123の型紙を拡大コピーし、不織布に描き写し、ポスターカラーなどで着色し、油性フェルトペンで縁取りをする。

❷ 着ぐるみのほうは顔の部分だけ切り抜く。図のように重ねて2枚セットにして使用する。

1　トリにサルの着ぐるみを重ねてパネルにはる

保育者「今年はサル年ですね。サルがやって来ましたよ。あれ、でもよーく見てみたらなんだかお口が変だね」

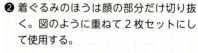
今年はサル年ですね

だれだと思う？

保育者「後ろにだれか隠れているみたい！だれだと思う？」

〜トリ〜！！

トリさんでした！

2　子どもたちの反応を受けて、サルの着ぐるみを外す

保育者「そう、正解はトリさんでした！」

3 イヌにトリの着ぐるみを重ねてパネルにはる

保育者 「次はトリさん。あれれ、やっぱり後ろにだれか隠れている!」

子どもたちの反応を受けて、着ぐるみを外す

保育者 「イヌさんが隠れていました」

冬 十二支あてっこ着ぐるみぬいだ

4 以下同様にして続ける
〈イノシシにイヌの着ぐるみを重ねる〉

〈ウサギにネズミの着ぐるみを重ねる〉

アレンジ

お誕生会アレンジ

隠れている動物がプレゼントを持った絵を描いておきます。隠れている動物とプレゼントが何かを当てっこして、お祝いしてもいいですね。

0・1・2歳児アレンジ

隠れている動物の鳴き声などをヒントとして出しましょう。みんなでまねっこ遊びをしても楽しいです。

ほかの動物でも同様にして遊ぶ

シアター 22

ペープサート

へんなゆきだるま

あれあれ？ このゆきだるま、どこかおかしいですよ。子どもたちと楽しく歌って当てっこ遊びしましょう。

案／ケロポンズ・製作／菊地清美

用意する物

ウサギ、パンダ、キツツキ、ライオン、キリン、ゆきだるまのペープサート

☐ ペープサート用竹ぐしか、先を平らに削った割りばし
☐ 全芯ソフト色えんぴつなどの色彩具
☐ 両面テープ　　☐ スティックのり
☐ ハサミ

作り方

❶ P.123.124の型紙を拡大コピーし、着色する。

❶ 竹ぐしを両面テープで留め、スティックのりではり合わせて余白を切り取る。

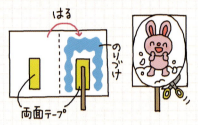

 ウサギの表を出して

保育者「これ何だと思う？」

子どもたちの反応を受けながら

保育者「そう、ゆきだるま。あれ？ でもなんだか変だね。だれかが雪をかぶっているみたい。今から先生といっしょに 歌って雪を取ってあげよう！」

2 動作を入れて楽しく歌う

❶♪なんだかへんな ゆきだるま

あごにひとさし指を当てて頭を揺らす

❷♪だれかがゆきを　かぶってる？

両腕で頭の上に丸を作り、左右に揺れる

❸♪シュシュシュ

雪を払うしぐさ

❹♪ザッザッザッ

雪をかくしぐさ

❸❹を2回繰り返す

❺♪あらびっくり

手で大きく円を描いて

❻♪ウサギさん

ウサギの表を裏返す

冬 へんなゆきだるま

3

- ウサギ 「あー寒かった。ありがとう」
- 保育者 「わーやっぱり！ ウサギさんが隠れていたね」

ウサギさんが隠れていたね

4

みんなもいっしょに歌ってね

パンダの表を出して

- 保育者 「次はだれかな？ みんなもいっしょに歌ってね」

へんなゆきだるま　作詞／増田裕子　作曲／平田明子

なんだかへんな　ゆきだるま　だれかがゆきを　かぶってる？　シュシュシュ
ザッザッザッ　シュシュシュ　ザッザッザッ　あらびっくり

1.ウサギさん
2.パンダさん
3.キツツキさん
4.ライオンさん
5.キリンさん
6.ゆきだるま

5 同様に動作を入れて楽しく歌う

保育者 「♪なんだか　へんな　ゆきだるま
　　　　だれかが　ゆきを　かぶってる
　　　　シュシュシュ　ザッザッザッ
　　　　シュシュシュ　ザッザッザッ
　　　　あらびっくり」

パンダの表を裏返す

保育者 「♪パンダさん」
パンダ 「あー寒かった。ありがとう」
保育者 「パンダさんが隠れていたのか。
　　　　雪から出られてよかったね」

 以下同様に繰り返す

キツツキ

ライオン

キリン

ゆきだるまの表を出して
保育者「あれ、今度はだれだろう？」
子どもたちの反応を受けながら
保育者「みんなで歌って雪を払ってあげよう」

動作を入れて楽しく歌う
保育者「♪なんだか　へんな　ゆきだるま
　　　　　だれかが　ゆきを　かぶってる
　　　　　シュシュシュ　ザッザッザッ
　　　　　シュシュシュ　ザッザッザッ
　　　　　あーらびっくり」

保育者「あれ？だれも出てこないね」
ゆきだるまの表を裏返して

ゆきだるまの表を裏返して
保育者「あ！　本物のゆきだるまさんだったんだね」
ゆきだるま「うん。みんなもゆきだるまを作って遊んでみてね。バイバイ〜」

アレンジ

お誕生会アレンジ
お誕生日のゆきだるまさんをお祝いするために、動物たちが雪に隠れて待っているストーリーにしてもいいですね。出てくる動物たちが「ゆきだるまさん、おめでとう！」と言って、ゆきだるまさんにお祝いの言葉をかけていく、を繰り返して演じましょう。

0・1・2歳児アレンジ
雪に隠れた動物が楽しい歌とともに「ばあっ」と出てくるのを楽しみましょう。クイズにする場合は「耳が長くて、ピョンピョン」などとヒントを出しましょう。

節分

マジック
みんなの鬼をやっつけろ

冬 シアター 23

鬼が福の神の上に乗っていたはずなのに、豆まき効果で福の神が…！

案／菅原英基・製作／毛利洋子

用意する物

鬼、福の神の絵
- ☐ 画用紙など
- ☐ 全芯ソフト色えんぴつなどの色彩具
- ☐ ハサミ
- ☐ 豆（☐ ホワイトボードや黒板）

作り方

❶ P.124の型紙を拡大コピーし、着色し、余白を切り落とす。

現象

❶ 鬼の絵が福の神の絵の上に乗っています（下をそろえて置きましょう）。

❷ それを丸めて豆をまきます。

❸ 絵を広げると福の神が鬼の上になっています。

※巻いた側と反対側から広げることになるので、上下が逆転します。お札2枚を使ってやってみるとよくわかります。

1

鬼と福の神を持って登場する

保育者「これは鬼と福の神です」

保育者「鬼と福の神、どっちが強いかな？」

子どもたちの反応を受けて

2

保育者「みんなの中にも泣き虫鬼やけんか鬼がいないかな？　そんな鬼が出てくると、こんなふうになるよ」

壁（またはホワイトボードなど）に写真のように絵を置いて見せる

3 保育者「でもね、福の神はみんなのためにがんばっているんだよ」
右の写真のように丸め、鬼の体が隠れたところで丸めるのをやめる

おにはーそと！

4 保育者「福の神を応援しよう！ みんなで豆まきするよ」
子どもたちに豆まきをしてもらう
子どもたち「おにはーそと！ ふくはーうち！」

開いてみるよ

5 保育者「みんなの願いは届いたかな？ 開いてみるよ」
丸めた絵を広げると…
保育者「福の神が鬼の上になっている！ 福の神の勝ちだね！」

鬼を退治することができました！

6 福の神を持って
保育者「みんなの応援のおかげで思いやりの心を届けてくれる福の神は鬼を退治することができました！ ありがとう。よかったね」

演技のPOINT：福の神が見えたら、福の神を下に引っ張りながら開きましょう。

よかったね

おしまい

冬　みんなの鬼をやっつけろ

アレンジ

お誕生会アレンジ
鬼の代わりに誕生児のふつうの顔、にっこり笑顔の絵を福の神の代わりにして演じてみましょう。「お誕生日を迎えたから、ひとつ成長した○○くんです！」

0・1・2歳児アレンジ
マジックの不思議さは強調せずに、豆まきや節分のお話を中心にできるといいですね。

シアター 24 冬

ぐちゃぐちゃシアター お別れ会 紙シアター

レッツゴー！ お別れ遠足

みんなでお別れ遠足にしゅっぱーっつ！　リュックサックの中身は…かんたんなイラストだけで驚きいっぱいのシアター。

案・製作／ kit-chen（小沢かづと、iku、鈴木翼）

用意する物

リュックサック
水筒（表のみ）、シート（表裏）、
チョコレート（表裏）、お弁当（表裏）
の絵

☐ リュックサック
☐ Ｂ４サイズくらいの紙
☐ 全芯ソフト色えんぴつなどの色彩具

作り方

❶ P.125の型紙を拡大コピーし、着色する。

❷ 水筒以外のイラストは表裏をはり合わせる。

本物のリュックサックと絵が描いてある紙を机の上に出しておく。

保育者　「今日はいい天気だな〜。よし、みんなでお別れ遠足に行こう！　遠足の準備をするぞ」

遠足の準備をするぞ

何を持って行こうかな？

2
保育者　「何を持って行こうかな？」
水筒の絵を持って
保育者　「まずは水筒をリュックに入れて」
水筒の絵をリュックサックに入れる

まずは水筒をリュックに入れて

84

保育者「シートも持って行かなきゃね」
破れているシートの絵を出して
保育者「あ、シートが破れてる！ シートを直そう！」

 シートの絵をぐちゃぐちゃと丸めて、裏面の絵が表になるように開いて見せる

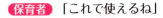
演技のPOINT 子どもたちが驚くようにためらうことなくぐちゃぐちゃしましょう！

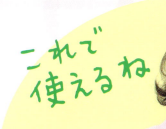

保育者「これで使えるね」
絵をリュックサックの中に入れる

冬 レッツゴー！お別れ遠足

5 保育者「大好きなおやつも忘れずに持って行かないとね」
溶けているチョコレートの絵を出して
保育者「えー！ チョコレートが溶けてる！
冷蔵庫で冷やさないと」

チョコレートの絵をぐちゃぐちゃと丸めて、裏面の絵が表になるように開いて見せる
保育者「よかった。元どおり！」

6 保育者「最後にお弁当♪ お弁当♪」
中身がからのお弁当箱の絵を出して
保育者「うわぁ〜ん。中身が入ってな〜い！
急いで作らないと！」

お弁当の絵をぐちゃぐちゃと丸めて、裏面の豪華なお弁当の絵が表になるように開いて見せる

保育者「豪華なお弁当だよ〜！」

絵をリュックサックに入れる

保育者はリュックサックを背負って

保育者「これで準備OK！　よーし、これからみんなでお別れ遠足に出発！」

冬　レッツゴー！お別れ遠足

アレンジ

お誕生会アレンジ
表面に灯がともったろうそくの絵を描き、裏には灯が消えたろうそくの絵を描いておきます。誕生児に「灯を吹き消して〜」などと声をかけて、裏面の絵を見せてお祝いしましょう。

0・1・2歳児アレンジ
「おにぎり」など子どもにわかりやすい物の絵を表面だけに描き、裏面には何も描かないようにします。「みんなでいただきます〜！」と食べるふりをしたら裏面を見せ、食べてしまったように演じてみましょう。

いつでもシアター 25

のびるカードシアター　お誕生会　紙シアター

ネズミ兄弟のお誕生日

今日は5匹のネズミ兄弟のお誕生日。プレゼントを用意したけれど、これじゃ足りない!?

案・製作／浦中こういち

用意する物

帽子、ケーキ、カバン、ネズミ、車の絵

- □ コピー用紙
- □ 画用紙
- □ 色えんぴつなどの色彩具

作り方

❶ P.126の型紙を拡大コピーし、着色した物を画用紙にはる。

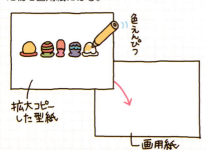

❷ 図のように折る。

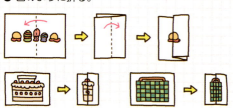

1

保育者「今日はネズミくんのお誕生日。ネズミくんは5人兄弟。すてきな帽子とケーキをプレゼントしようと思うんだ。いいでしょ？」

子どもたちに聞いて
帽子の絵を出す

保育者「あ、たいへん！　帽子が5ついるのに、ひとつしかない…困ったなぁ。どうしようかなぁ」

子どもたちのようすを見て

保育者「あ！　そうだ！　先生、とっておきの魔法の言葉を知っているの！　みんなでいっしょに言ってくれる？」

子どもたちに聞いて

保育者「よーし！　じゃあ、みんなで言うよ。先生のまねをしてね」

みんな「ピカピカ　ドンドン　帽子よ、増えろ〜〜〜」

② 何度か魔法の言葉を唱えて、紙を開く
保育者「やったー！ これで安心。みんなありがとう」

いつでも ネズミ兄弟のお誕生日

③ ケーキの絵を出して
保育者「じゃ～～～んっ！ あっ！ こんな小さなケーキじゃネズミくんたち足りないなぁ…どうしようかな」

子どもたちに聞いて
保育者「そうだ！ また、魔法の言葉を使ったらきっとうまくいくはず！ みんな言ってくれるかな？」

子どもたちのようすを見て
保育者「よーし！ みんなで言うよ」
みんな「ピカピカ ドンドン ケーキよ、大きくな～れ～」

何度か繰り返してケーキの紙を開く
保育者「大きくなったね～よかった！ 次は…」

④ ケーキを入れるカバンを出す
保育者「じゃ～ん！ これにケーキを入れて持って行こう。あ、またカバンが小さいなぁ。こんなカバンじゃ入らない。困ったなぁ」

5	以下同様に続ける
	みんな「ピカピカ　ドンドン　カバンよ、大きくな～れ～」

保育者「よーし、これでケーキをカバンに入れて行ける！　みんなありがとう」

カバンの絵の後ろにケーキの絵を入れる

6	**保育者**「これでネズミくんたちの所に行けるぞ！　ネズミく～ん！」

ネズミの絵を出して

ネズミ「はーい！　いったいどうしたんだい？」

保育者「あれ？　ネズミくんひとり？　今日はネズミくんたちの誕生日でしょ。みんなでプレゼント持って来たんだよ」

ネズミ「え～、うれしいな！　よーし、兄弟たちを呼ぶね。おーい！」

ネズミの紙を開いて

保育者「うわ～、どこにいたの？　びっくり！　ネズミくん、おめでとう!!」

帽子とケーキのプレゼントを見せる

ネズミ「やったー！　みんなありがとう！」

ネズミ「うれしいなぁ。うれしいなぁ！」

ネズミ「そうだ！　お誕生日プレゼントのお礼にぼくたちといっしょにお出かけしよう！　すてきな車でお出かけさ！　帽子もかぶって行こう！」

ネズミ「みんなで行くかい？」

子どもたちのようすを見て

保育者「うれしいね、みんなで行こう！」

車の絵を出して
- **ネズミ**「じゃ～ん！」
- **保育者**「あれ？ ネズミくんなんだかおかしくない？ 車も変だよ」
- **ネズミ**「だいじょうぶ。ここは魔法の言葉を使うのさ！」
- **保育者**「え、ネズミくんも知っているの？ じゃあ、みんなで言おう！」

なんだか おかしくない？

いつでも ネズミ兄弟のお誕生日

- **みんな**「ピカピカ ドンドン 車よ、大きくな～れ～」

何度か繰り返して車の紙を開く
- **ネズミ**「大きくなったぞ！ よーし、みんなで乗って行くよー」

車を移動させて
- **保育者**「あ、待って～！」

みんなで 乗って行くよ～

- **保育者**「あぁ、行っちゃった。でも、まぁいいか。ネズミくんたちとっても喜んでいたもんね。よかった よかった」

よかった よかった

おしまい

アレンジ

0・1・2歳児アレンジ
リンゴがたくさんになった！ バナナがすごく長くなった！ と低年齢児にもわかりやすい物にして、変化を楽しむ遊びにしてもいいですね。

もうひとつ＋アレンジ
最後のプレゼントは、1本のお花が花束になったり、細長いプレゼントボックスが大きくなったり、ケーキ以外にも工夫してみましょう。

マジック

 集会など

元気なストロー

あら不思議！ 元気なストローが子どもたちの前で動きだします！

案・製作／菅原英基

用意する物

ストローのしかけ
- [ ] たくさんのストロー
- [ ] 輪ゴム
- [ ] ハサミ

作り方

ストローのしかけ

❶ 1本のストローの、下から5㎝くらいの所を斜めにハサミで切る。

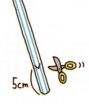

❷ ❶の切り込みに輪ゴムを引っ掛ける。

---

1 たくさんのストローとしかけのあるストロー1本を束にして持ち、登場（しかけのあるストローの輪ゴムは親指に引っ掛けておく）

保育者「ここにストローがたくさんあるよ。みんなはストローでジュースを飲んだりする？」

子どもたちの反応を受けて

保育者「みんながジュースを飲んでいるとき、ストローはじっとしていると思うんだけど…」

保育者「今日持ってきたストローの中にはね、とっても元気なストローがいるみたいなんだ」

> **演技のPOINT** 実際は、目だたない色の輪ゴムを使ってください。

2 ストローを前に出して

保育者「どのストローが元気だと思う？」

子どもたちの反応を受けて

保育者「これかな？ それともこれかな？」

しかけのあるストロー以外を抜いていく

> **演技のPOINT** ランダムに抜いていき、しかけのあるストローが偶然残ったように演じましょう。

③ 保育者 「よし、じゃあみんなの声がいちばん大きかったこのストローにしよう」

輪ゴムが付いたストローだけ手に残して、話しながら、さりげなく少し下へ押し込む

保育者 「みんなで元気なストローさんのこと、呼んでみよう。せーので"元気なストローさん"って言うよ」

保育者 「せーの」

みんな 「元気なストローさーん」

いつでも 元気なストロー

④ ストローを握った手を少しずつ緩める
（じわじわ〜っと、ストローが上に動いていくように）

保育者 「わ、やっぱり元気なストローさんだったね！」

子どもたちに見えないようにストローから輪ゴムを外し、ストローを子どもたちに見せる

演技のPOINT 輪ゴムをストローから外すのが難しければ、外さずに終了してもOKです。

アレンジ

お誕生会アレンジ

画用紙などで誕生日ケーキを作っておき、ろうそくに見たてた白いストローをはっておきます。元気なろうそくさんを探すというストーリーで演じてみましょう。元気なろうそくを見つけたらケーキにさしてお祝いしましょう。

0・1・2歳児アレンジ

ストローの先にウサギやクマなどの絵をはり、「元気なウサギさん」などとみんなで呼んで、ストローを動かして遊んでみましょう。

紙シアター

巻物をうばいかえせ！

忍者が巻物を奪って逃げた！ 忍者を探して巻物を奪い返そう！

案・製作／kit-chen（小沢かづと、iku、鈴木翼）

用意する物

忍者シアター
- ☐ 画用紙
- ☐ コピー用紙
- ☐ 色画用紙
- ☐ ハサミ
- ☐ マスキングテープ
- ☐ 全芯ソフト色えんぴつなどの色彩具
- ☐ のり
- ☐ 丸シール

作り方

❶ P.126.127の型紙を拡大コピーして着色する。

❷ 画用紙に❶をはり、図のように折って自由に扉を装飾する。

1 扉の面を出す

保育者「忍者屋敷にようこそ！ この中に忍者がいるようだ。みんな、忍者を探し出して巻物を奪い返してくれ。よし、ではこの扉を開けてみよう」

2 扉の面を開けて忍者を出す

保育者「あ、いた！ 捕まえて！」

さっと閉めて、扉の面を出す

保育者「だめだ。逃げられてしまった。もしかしてこっちかも。開けてみよう」

反対側の面を折り返す
保育者 「おかしい。こっちにはいない。もしかしてまたこっちかも」

扉の面を開ける
保育者 「手裏剣だ！ みんなよけて～！！」

扉の面を出す
保育者 「あ、またいなくなった」

繰り返し開けてみたり、上下逆さにして開けてみたりして遊ぶ

演技のPOINT 子どもたちの反応に合わせてたくさん遊んでみましょう！

いつでも巻物をうばいかえせ！

⑤ 忍者を出す

保育者「いた！ 捕まえて！ だめだ。逃げられた。あれ？ この扉から音がする！ 開けてみよう」

図のように持ち変えて、扉の真ん中を開く

保育者「うわ！ 扉の中に忍者がいっぱい！ 今度こそ捕まえて〜！」

扉をバタバタと動かす。
そして、机などの下に隠しながら紙を丸める

⑥ **保育者**「だめだ。逃げられてしまった。あれ？ 何か下に落ちているぞ」

丸めた紙を下から取り出して子どもたちに見せる

保育者「あっ！ 巻物が落ちていた！ 慌てて逃げたから落としたんだ！ みんなのおかげで巻物を取り戻すことができたよ！ ありがとう！」

アレンジ

お誕生会アレンジ

もうひとつ「おたんじょうびおめでとう」と書かれた巻物を作っておき、机の下に隠しておきます。演じ方⑥で巻物を取り替えて、広げながらお祝いしましょう！

0・1・2歳児アレンジ

扉を閉じた状態で子どもに「忍者がいたら教えてね」と声をかけておきます。好きなタイミングで扉を開け閉めして忍者探しを楽しみましょう。

コピーでらくらく！型紙ページ

本書で紹介している絵人形の型紙です。
それぞれの拡大率に合わせて拡大して使用してください。

※あらかじめ原寸でコピーして、必要な絵人形を切り分けてから拡大するとむだなくできますよ。

 **P.2** こどもの日 （原寸）

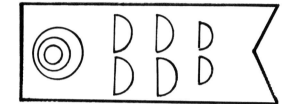

こいのぼり

※こいのぼりはP.2の写真のように少しずつ小さく作ります。

コイ

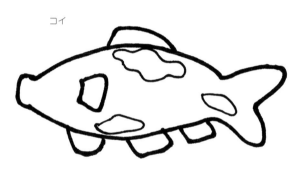

雲

 **P.3** 七夕 （200%）

※八つ切サイズの画用紙を使うと、ちょうどよい大きさになります。

織り姫

天の川

彦星

 年中行事 ちょこっとシアター その3

P.4 お月見 (原寸)

おじいさん、神様

ウサギ、月のウサギ

たき火

サル、カキ

キツネ、ブドウ

リス、クルミ

年中行事 ちょこっとシアター その4 P.5 ハロウィン

※紙皿は20cmの物を使うと、ちょうどよい大きさになっています。

野菜・果物

おばけ

ジャック・オ・ランタン

お菓子

年中行事 ちょこっとシアター その5 P.6〜7 クリスマス

※A4サイズの封筒で作るとちょうどよい大きさになります。
　A3サイズの封筒で作る場合は285％拡大してください。

家　　　　　　　　　　　　　　プレゼント大

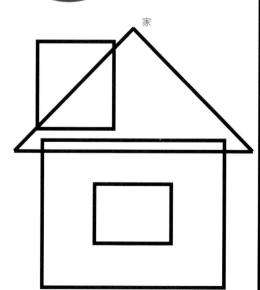

年中行事 ちょこっとシアター その5 　P.6〜7 ・クリスマス　200%

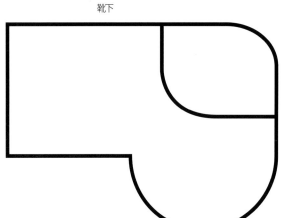
靴下

レンガ

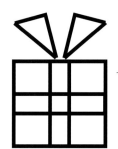
プレゼント小

※プレゼントの中身は色画用紙を好きな形に切って作りましょう。

年中行事 ちょこっとシアター その7 　P.10〜11 ・節分　原寸

※福の並びの面に鬼をはり、上下の面に豆とやいかがしをはります。

おこりんぼう鬼

泣き虫鬼

いじわる鬼

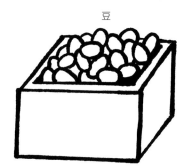
豆

福

やいかがし

年中行事 ちょこっとシアター その6

P.8〜9 お正月 250%

※四ツ切の色画用紙で作るとちょうどよい大きさになります。上下の余った部分は切り落とします。

→ネコⒶ

ネコⒷ

ネコⒶの裏にネコⒷをはる
ウマの裏にネズミをはる

P.18〜21 ドリーム☆ボックス

カスタネット

イチゴ

パトカー

しましまの絵

糸のような絵

おめでとう

フラッグガーランドの文字

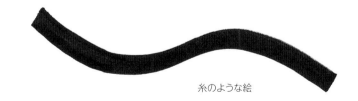

春 シアター 2

P.22〜23 とことこ たんけんたい （原寸）

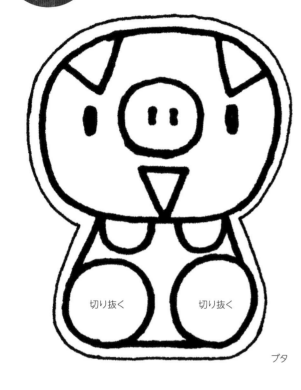
ブタ

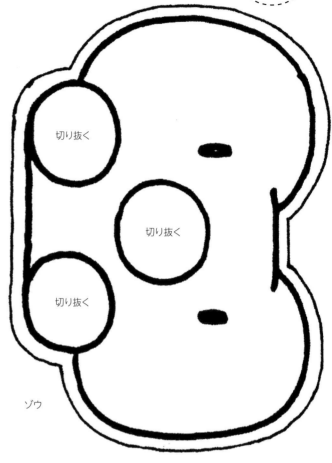
ゾウ

春 シアター 3

P.24〜27 たかいたかい だいすき （400%）

クマ　　　　　　　　　　　　　　　　　　　　　　　ワニ

 **シアター3 春**  **P.24～27 たかいたかい だいすき** 400%

ゾウ

ロボット

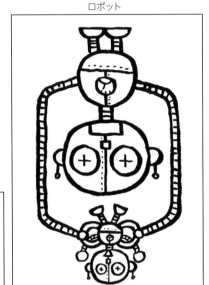

 **シアター4 春**  **P.28～29 おしゃれなてんとうちゃん** 300%

テントウムシ（窓）

テントウムシ（模様）

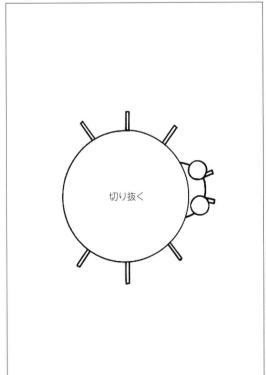
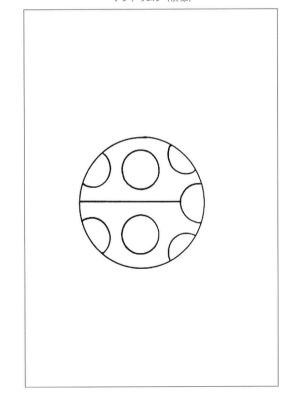

P.28〜29 おしゃれなてんとうちゃん

カメ

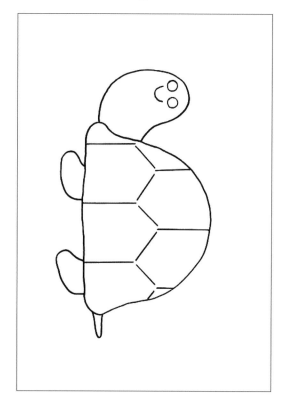

カタツムリ

ウシ

P.30〜33 あっぱれ ぎんたろう！ 400%

P.30〜33 あっぱれ　ぎんたろう！

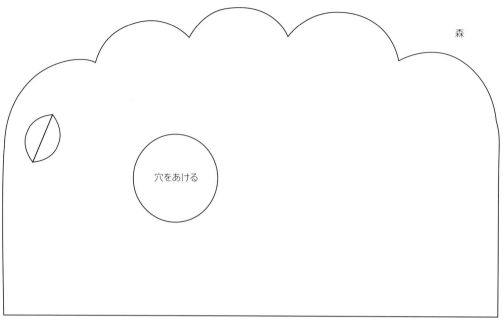
森
穴をあける

 P.34〜35 こいのたきのぼり

滝　　　滝のぼり

夏 シアター7 P.36〜39 ひえひえマン 400%

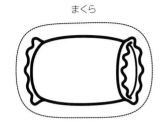
まくら / フルーツ

ひえひえマン

ジュース

カレーライス

ネクタイ

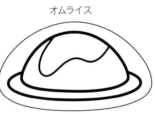
オムライス

化粧水

プリン

パパ表

ママ表

ぼく表

わたし表

パパ裏

ママ裏

ぼく裏

わたし裏

P.36〜39 ひえひえマン

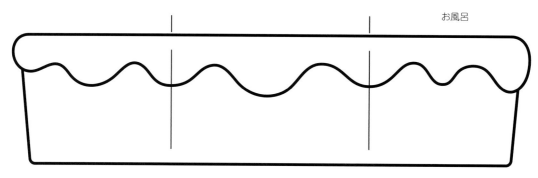

お風呂

P.40〜42 やさいのおばけ大会

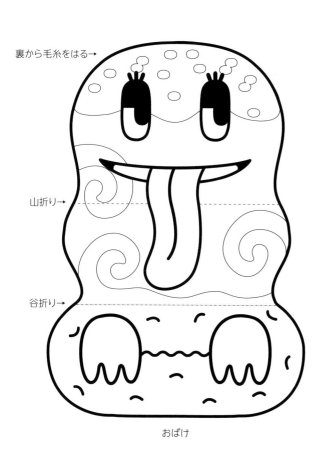

裏から毛糸をはる→
山折り→
谷折り→
おばけ

ナス表　ナス裏
草むら

P.40〜42 やさいのおばけ大会

P.43 やさいのぼうし

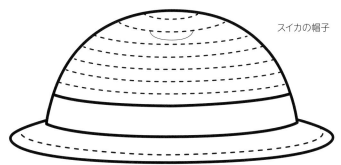

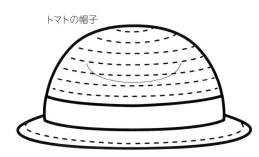
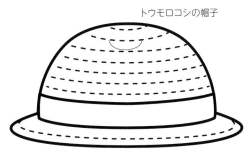

P.48〜49・どんどんのびる木

①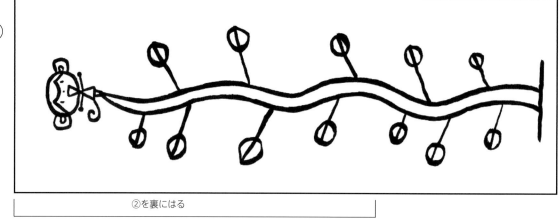

②を裏にはる

①にはった後、山折りにする

②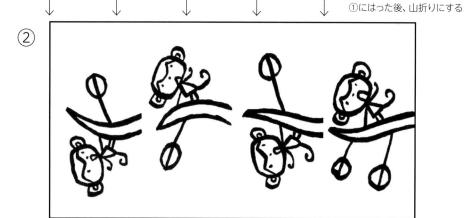

P.54〜56・サル・カニバースデイ

カニ

サル

秋 シアター 13 　P.54〜56・サル・カニバースデイ （400%）

秋 シアター 14 　P.57・サル・カニいもほり （200%）

モグラ

イモの葉

秋 シアター 15

P.58〜59 かわむいてかわむいて 200%

カキ

イガグリ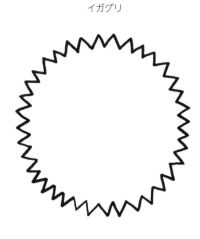

リンゴ

ハリネズミ

ブドウ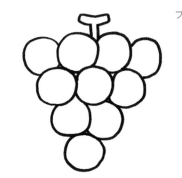

クリ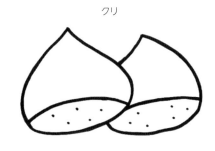

P.60〜63 ごちそうさまでした。にこっ

回転ずし　　　　　　　　　　　回転くだもの屋さん

 秋 シアター 16

P.60〜63 ごちそうさまでした。にこっ 400%

回転のりもの屋さん

 冬 シアター 17

P.64〜66 なわとびてぶくろ 200%

山のネズミ　　　　野原のネズミ

冬 シアター 17 — P.64〜66・なわとびてぶくろ

雪

手袋

切り抜く

冬 シアター 18 — P.67・ホラホラみえたゲーム

ほうき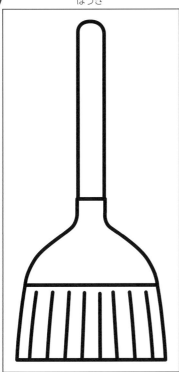

凧

ダイコン

P.68〜71 サンタさんのひみつ

トナカイ

魔法の薬

丸→ドーナツ

水→ジュース

石→指輪

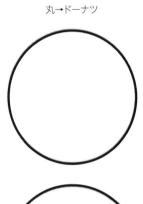

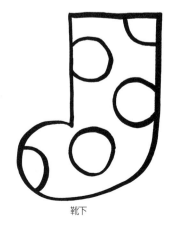
靴下

靴下

靴下

冬 シアター 19 — P.68〜71 サンタさんのひみつ

冬 シアター 20 — P.72〜75 ねねちゃんのお正月

P.72〜75 ねねちゃんのお正月

ねねちゃん　　　　　しょうくん

P.76〜77 十二支あてっこ着ぐるみぬいだ

ネズミ　　　　　　ウシ

切り抜く　　　　　切り抜く

P.76〜77・十二支あてっこ着ぐるみぬいだ

冬 シアター 21

400%

冬 シアター 21

P.76〜77 十二支あてっこ着ぐるみぬいだ

400%

ウマ

ヒツジ

切り抜く

切り抜く

サル

トリ

切り抜く

切り抜く

P.76〜77 十二支あてっこ着ぐるみぬいだ 400%

イヌ

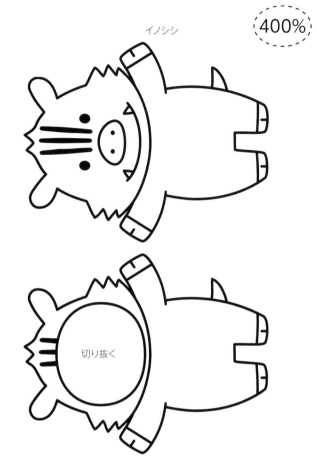

イノシシ

切り抜く

P.78〜81 へんなゆきだるま

| ウサギ表 | ウサギ裏 | パンダ表 | パンダ裏 |

P.78〜81 へんなゆきだるま

キツツキ表	キツツキ裏	ライオン表	ライオン裏

キリン表	キリン裏	ゆきだるま表	ゆきだるま裏

P.82〜83 みんなの鬼をやっつけろ

福の神	鬼
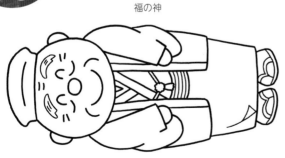	

 冬 シアター 24

P.84〜87 レッツ・ゴー！ お別れ遠足 400%

水筒

破れたシート

シート

溶けているチョコレート
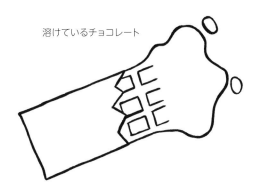

からのお弁当箱
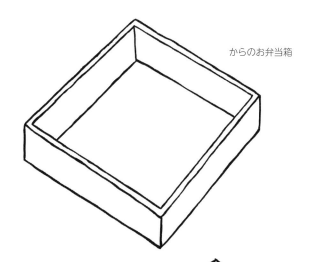

チョコレート

お弁当
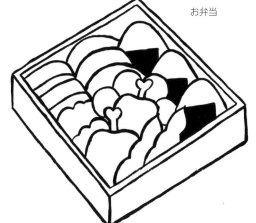

P.88〜91 ネズミ兄弟のお誕生日 400%

帽子

ケーキ

ネズミ

車

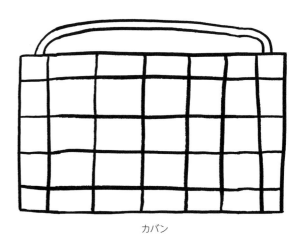
カバン

P.94〜96 巻物をうばいかえせ 200%

忍者

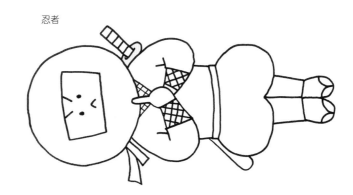

P.94〜96 ▶ 巻物をうばいかえせ

手裏剣

いっぱいの忍者

扉

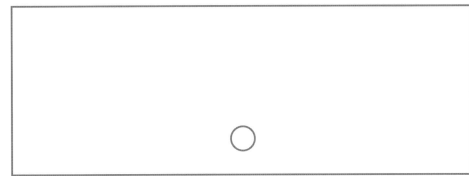
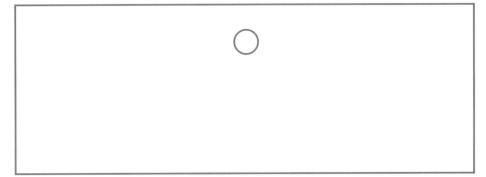

著者

★年中行事ちょこっとシアター

makechan 工房

★春夏秋冬＋いつでもシアター

阿部直美（乳幼児教育研究所）

浦中こういち

kit-chen（小沢かづと、iku、鈴木翼）

ケロポンズ

菅原英基（株式会社ニュージェネレーションカンパニー）

竹井史（愛知教育大学）

藤本ともひこ

松家まきこ（淑徳大学）

※本書は、『月刊 保育とカリキュラム』2013年度～2016年度年掲載の「出し物」コーナーから厳選したものに加筆・修正し、「年中行事ちょこっとシアター」を加えて、まとめたものです。

STAFF
- ●製作／iku、浦中こういち、大野太郎、菊池清美、くるみれな、竹井史、藤本ともひこ、みさきゆい、毛利洋子
- ●本文イラスト／イマイフミ、はやはらよしろう（office446）、Meriko
- ●撮影／佐久間秀樹（佐久間写真事務所）、中井亮（pocal）
- ●本文デザイン／柳田尚美（N/Y graphics）
- ●本文レイアウト／中井亮・伊藤徳光・和田啓子（pocal）
- ●楽譜浄書／株式会社クラフトーン
- ●企画・編集協力／中井舞（pocal）
- ●企画・編集／松尾実可子、安藤憲志
- ●校正／永井一嘉

本書のコピー、スキャン、デジタル化等の無断複製は著作権法上での例外を除き禁じられています。本書を代行業者等の第三者に依頼してスキャンやデジタル化することは、たとえ個人や家庭内の利用であっても著作権法上認められておりません。

保カリBOOKS㊻
カンタン！すぐできる！
アイディアたっぷり出し物BOOK
年中行事ちょこっとシアターつき

2016年9月　初版発行

編　者　ひかりのくに編集部
発行人　岡本 功
発行所　ひかりのくに株式会社
〒543-0001　大阪市天王寺区上本町3-2-14
TEL06-6768-1155　郵便振替00920-2-118855
〒175-0082　東京都板橋区高島平6-1-1
TEL03-3979-3112　郵便振替00150-0-30666
ホームページアドレス　http://www.hikarinokuni.co.jp
印刷所　大日本印刷株式会社

©2016 HIKARINOKUNI　　Printed in Japan
乱丁、落丁はお取り替えいたします。　ISBN978-4-564-60890-2
JASRAC 出1608801-601　　NDC376 128P 26×21cm